처음부터 다시 배우는

두근두근

일본어 ②

시사일본어사

머리말

한국에는 일본어를 처음 접하는 학습자뿐만 아니라 직업적 동기와 자기 계발을 위해 장기간 접하지 않은 일본어를 다시 배우시고자 하는 학습자도 많이 있습니다. 본 교재는 '두근두근 일본어1'의 후속 교재로 그와 동일한 체재로 일본어와 일본 문화에 대한 기초 학습을 처음 시작하거나 다시 시작하는 성인 학습자를 대상으로, 일본어 기초 과정의 후반부를 효과적으로 학습할 수 있도록 〈1부 일본어, 2부 일본 문화〉로 구성하였습니다. 한국인 일본어 학습자를 위한 초급 과정의 완결편 교재로, 중급 · 상급으로 가는 일본어 능력의 배양은 물론 시사적인 내용에 일본 문화를 들여다보는 재미를 더한 것이 큰 특징입니다. 즉 본 교재는 기초 과정 일본어의 다양한 표현과 일본의 최신 산업 트렌드를 소개합니다. 〈1부 일본어〉에서는 '조건 표현, 가능 표현, 수동 표현, 사역 표현, 수수 표현, 경어' 등의 어학 지식을, 〈2부 일본 문화〉에서는 '일본의 과학, 기술, 사회 현상과 관련한 최신 정보' 등을 연계하여 학습하도록 구성되어 있습니다. 이를 통해 일본 사회의 변화에 대해 심층적으로 이해하면서 인지 언어학적 관점에서 일본어 의사 소통 능력의 향상도 도모할 수 있도록 합니다. 이러한 내용들은 일본 취업 등의 경제적인 교류가 많은 현시점에서 널리 활용될 것으로 기대됩니다.

근래 들어 대학의 일본어 교재에 대한 내용적인 확대와 교수법을 고려한 접근의 변화가 기대되고 있습니다. 다시 말해 읽는 학습 내용이 인문학을 벗어나 경제와 사회 과학을 포함함으로써 학습자의 일본어 능력 향상뿐만 아니라 지적인 갈증에 대해서도 해소할 필요가 있다는 의미입니다. 이러한 언어적 사회적 배경 아래 대학 교육에서 한국인 학습자를 위한 새로운 일본어 교재 모델의 개발이 요구되고 있습니다.

이와 같은 목표점을 설정하고 2017년 연구년을 통해 시사적이고 미디어적인 내용에 어학적 요소를 더해 읽는 재미도 있는 교재를 만들고자 하는 바람을 실현시키고 싶었습니다. 유학 시절 즐겨 보던 テレビ東京의 'WBS(ワールドビジネスサテライト)'라는 일본 경제 시사 뉴스 프로그램의 방송에서 소재를 채택하여 일본 문화를 바탕으로 일본어를 소개하고자 하는 생각에 이르렀습니다.

한일 간에는 단순한 민간 차원의 교류뿐만 아니라 정치 · 사회 · 경제적인 교류가 더욱 확대되어 일본인과의 공적인 접촉이 늘어나고 있는 상황입니다. 이때 원활한 커뮤니케이션을 위해서는 일본어 능력뿐만 아니라 사회 언어 능력도 요구됩니다. 일본인의 언어 행동과 밀접한 일본어를 익히고 사용함으로써 일본과 일본인에 대한 시각은 크게 바뀔 것입니다.

본 교재와 기존 교재의 차별성은 다음과 같은 점에 있습니다.

우선 한국인 일본어 학습자의 일본어 습득 과정을 전공하고 다년간 일본어 교육을 경험한 집필자가 일본어의 학습을 위해, 첫 단계의 후반부에 학습자에게 꼭 필요한 것들을 담았습니다. 한국인의 일본어 습득과 관련한 최신의 연구 성과를 반영하여 회화의 내용이나 연습문제, 본문의 어휘에 대해서 언어 생활에서 바로 사용할 수 있는 내용으로 선별하였습니다.

그리고 문체 면에서도 일본인 친구 사이에 스스럼없이 사용하는 일본어의 보통체(informal)와 비즈니스 관계에 있는 일본인에게 사용하는 정중체(formal)를 동시에 제시하여 일본어 초급 과정에서부터 두 가지 문체를 체계적으로 습득할 수 있도록 하였습니다. 또한 학습자가 일본어를 인지해 가는 과정을 염두에 두고 그에 자극을 줄 수 있는 주제들로 구성하였습니다.

각 Unit의 끝에는 학습평가와 생각해 보기를 통해 본문에서 학습한 내용을 확인하고 일본어와 일본 문화에 대한 이해 능력을 응용하고 심화시키고자 하였습니다. 이와 같이 일본어를 처음 배우는 학습자도 다시 배우는 학습자도 만족할 수 있도록 많은 것을 효과적으로 담으려 노력하였습니다.

전체 학습 과정을 통해 다음과 같이 일본어와 일본 문화에 접근하고자 하는 전략을 세워 진행하신다면 저자의 의도가 충분히 전달되어 학습 효과가 클 것입니다. 첫째, 일본어 발음, 어휘, 문법, 담화 등 일본어의 기초적인 지식을 일본 문화와 접목시켜 통합적으로 학습합니다. 둘째, 풍부한 이미지와 함께 제시되는 일본의 부동산, 기술, 기업, 제품, 과학, 예능, 경제, 범죄, 철도, 관광 등과 관련된 어휘를 회화에서 사용할 수 있도록 합니다. 셋째, 사적인 인포멀한 대화와 공적인 포멀한 대화를 동시에 사용하여 다양한 커뮤니케이션에 대응할 수 있도록 합니다.

본 교재가 사이버대학교의 온라인 교육에 맞춰진 것으로 이미지만이 아니라 향후에는 가상현실 속의 일본어 학습이 실현되어 보다 효과적인 커뮤니케이션 학습이 이루어지길 바라 봅니다.

끝으로 본 교재의 학습을 통해 일본어와 일본 문화 이해의 초급 단계의 벽을 허물고 중급·상급 단계로 나아가길 바라며 지속적인 일본어 학습의 결과가 한 단계 높은 수준으로 가는 발판이 되어 일본인과의 교류에 적극 활용된다면 저자로서 기쁠 따름입니다.

2019년 3월 1일 저자 일동

구성 및 특징

이 책의 구성

각 과는 기초 일본어에 관한 지식을 다룬 1부와 일본 문화에 관한 지식을 다룬 2부로 나뉘며, 후반부에 학습 내용을 확인할 수 있는 '학습평가'와 '연습문제', '생각해 보기'가 제시됩니다.

Unit 1의 정중체와 보통체 학습에서 Unit 13의 경어까지 학습하게 됩니다. 한 학기 과정에 맞춰 일본어 초급 문법의 완성까지 학습합니다.

기초적인 일본어 학습은 1부 일본어 파트에서 하게 되며, 2부 문화 파트에서는 1부에서 배운 단어와 문장이 쓰이는 장면 및 상황과 관련된 일본, 일본인, 일본 문화의 요소를 소개합니다.

1부 일본어

회화 & 주요 표현

일본에서 회사를 다니는 한국인 주인공을 중심으로 하여 실제 일상생활에서 사용되는 회화 표현을 학습할 수 있도록 제시하였습니다. 회화는 정중체와 보통체를 교차로 구성하여 친구 사이의 인포멀한 대화와 회사에서의 포멀한 대화를 모두 학습할 수 있도록 구성하였습니다. 회화에 나온 신출 단어 및 표현은 교재 하단에 정리해 두어 편리하게 학습할 수 있도록 하였습니다. 또한 회화 본문에 쓰인 주요 표현을 설명 및 예문과 함께 다루었습니다.

심화학습

심화된 문법 사항이나 기타 표현 등의 내용을 알기 쉬운 설명으로 제시하여 학습에 도움이 될 수 있도록 하였습니다.

학습평가 & 종합 연습문제

각 Unit에서 배운 내용을 다양한 형태의 문제로 풀어보며
정리 및 실력을 점검할 수 있도록 하였으며, 총 2번에 걸쳐
종합 연습문제를 풀어보며 철저히 복습할 수 있도록 하였
습니다.

2부 일본 문화

일본 문화 속의 일본어

일본의 최신 과학 기술, 경제 사정, 사회
문화의 변화 속에서 일본어가 어떻게 변
화해 가는지 다양한 주제를 통해 알기
쉽고 재미있게 설명해 놓았습니다.

이미지로 보는 일본 문화

다양한 이미지를 통해 최신 일본 사회와
문화를 쉽게 이해할 수 있도록 하였습니다.

생각해 보기

함께 생각해서 찾아볼 수 있는 주제를 제시하여 일본 문화에 대해 좀더
다양한 시각으로 접근할 수 있도록 하였으며 예시 내용도 함께 제시하였습니다.

학습평가

각 Unit에서 배운 내용을 다양한 형태의 문제로 풀어보며
정리 및 실력을 점검할 수 있도록 하였습니다.

구성 및 특징

칼럼

언어적 요소 및 본문 내용과 관련한 칼럼(コラム)을 실었습니다. '[5과] 한 벌만 나오는 젓가락 통, [6과] 국립 국어 연구소는 어떻게 읽을까요?, [7과] 지중열을 어떻게 이용하나요?'를 추가로 게재하여 일본의 과학과 언어, 문화를 좀 더 깊이 이해할 수 있도록 하였습니다.

정답 및 해석

각 Unit의 학습평가의 정답 및 회화 1, 2의 본문 해석 내용을 실어 확인할 수 있도록 하였습니다.

색인

각 Unit 별로 쓰인 단어 및 표현을 정리해 놓아 휴대하면서 복습할 수 있도록 하였습니다.

MP3 무료 다운로드

각 Unit의 회화, 단어 및 표현의 듣기 음성을
시사일본어사 홈페이지(book.japansisa.com)에서 무료로 다운로드 받을 수 있습니다.

이 책의 특징

1 일본어의 어휘와 발음, 문법 요소 등 일본어의 기초적인 지식을 일본 문화의 특징과 함께 학습할 수 있습니다.

2 일본어의 읽기 · 쓰기 · 듣기 · 말하기의 4가지 기능을 일본 문화와 접목하여 재미있게 학습함으로써 흥미로운 일본과 일본어 이해의 첫걸음을 뗄 수 있습니다.

3 학교에서 친구들과의 일상적인 대화와 회사에서 쓸 수 있는 정중한 대화를 함께 학습함으로써 보통체 · 정중체의 다양한 커뮤니케이션을 습득할 수 있습니다.

학습 구성표

7

목차

Unit 01

1부 開（あ）けてもいいですか

열어도 됩니까?

2부 バレンタインデー

밸런타인데이

학습 목표

• 직장에서 휴가 다녀온 후 선물을 주고받을 때의 표현을 구사할 수 있다.
• 정중체와 보통체의 활용에 대해 설명할 수 있다.
• 일본의 밸런타인데이와 관련하여 변화하는 일본인과 일본 문화를 이해할 수 있다.

1부 <ruby>開<rt>あ</rt></ruby>けてもいいですか

열어도 됩니까?

 포인트 휴가를 다녀온 후에 직장의 선배와 만나 선물을 주고 받을 때의 대화를 학습합니다.

회화 🎧 Track 01

<ruby>金漢<rt>キムハン</rt></ruby>	<ruby>鈴木<rt>すずき</rt></ruby>さん、おはようございます。
<ruby>鈴木<rt>すずき</rt></ruby>	おはよう。<ruby>韓国<rt>かんこく</rt></ruby>はどうだった？
<ruby>金漢<rt>キムハン</rt></ruby>	<ruby>久<rt>ひさ</rt></ruby>しぶりだったので<ruby>楽<rt>たの</rt></ruby>しかったです。 これ、つまらないものですが、<ruby>韓国<rt>かんこく</rt></ruby>の<ruby>お土産<rt>みやげ</rt></ruby>です。
<ruby>鈴木<rt>すずき</rt></ruby>	ありがとう！　<ruby>私<rt>わたし</rt></ruby>も<ruby>渡<rt>わた</rt></ruby>したいものがあるの。はい、これ。
<ruby>金漢<rt>キムハン</rt></ruby>	<ruby>今<rt>いま</rt></ruby><ruby>開<rt>あ</rt></ruby>けてもいいですか。わあ！　チョコレートですね！
<ruby>鈴木<rt>すずき</rt></ruby>	バレンタインデーだったでしょう。これは「<ruby>本命<rt>ほんめい</rt></ruby>」じゃなくて 「<ruby>義理<rt>ぎり</rt></ruby>」だからね。
<ruby>金漢<rt>キムハン</rt></ruby>	ハハ、わかりました。では、いただきます！

 단어 및 표현 🎧 Track 02

- <ruby>楽<rt>たの</rt></ruby>しい 즐겁다
- つまらない 하찮다, 시시하다, 재미없다
- <ruby>お土産<rt>みやげ</rt></ruby> 여행이나 외출에서 돌아갈 때 가족·직장 동료 등을 위해 사 가는 선물

- <ruby>渡<rt>わた</rt></ruby>す 건네 주다
- <ruby>開<rt>あ</rt></ruby>ける 열다
- チョコレート 초콜릿
- バレンタインデー 밸런타인데이

- <ruby>本命<rt>ほんめい</rt></ruby> 유력 후보, 진심으로 원하는 대상
- <ruby>義理<rt>ぎり</rt></ruby> 의리
- わかる 알다, 이해하다
- いただきます 잘 먹겠습니다

12

주요 표현

1 久しぶりだったので楽しかったです _{오랜만이었기 때문에 즐거웠어요}

- 久しぶりだった : 명사의 과거형

	보통체	보통체 부정	정중체	정중체 부정
현재	久しぶりだ	久しぶりではない	久しぶりです	久しぶりではありません
과거	久しぶりだった	久しぶりではなかった	久しぶりでした	久しぶりではありませんでした

  (예) ここは有名なチョコレートの店だった。 여기는 유명한 초콜릿 가게였다.

- 楽しかったです : い형용사의 과거형

	보통체	보통체 부정	정중체	정중체 부정
현재	楽しい	楽しくない	楽しいです	楽しくないです
과거	楽しかった	楽しくなかった	楽しかったです	楽しくなかったです

  (예) 義理チョコだと聞いて悲しかったです。 의리 초코라고 듣고 슬펐습니다.

- ので : 원인, 이유, 판단의 근거를 나타내는 접속 조사

  명사의 역할을 하는 の + 조사 で의 구성으로, ので(회화에서는 종종 んで) 앞에는 명사에 접속하는 형태가 온다.

  ① 명사・な형용사의 어간 + な + ので

  (예) 明日はバレンタインデーなのでチョコレートを買います。
  내일은 밸런타인데이라서 초콜릿을 삽니다.
  風邪なので学校を休んだ。 감기여서 학교를 쉬었다.

  ② い형용사의 기본형 + ので

  (예) この部屋は駅から近いので、家賃が高い。 이 방은 역에서 가깝기 때문에 집세가 비싸다.

  ③ 동사의 기본형 + ので

  (예) 韓国に行ってきたので、お土産を買ってきました。 한국에 갔다 와서 선물을 사 왔습니다.

2 **これ、つまらないものですが** 이거, 별거 아니지만

상대방에게 선물을 줄 때 겸손의 의미를 담아 의례적으로 사용하는 표현이다.

· 바꿔 쓸 수 있는 표현

　예　ささやかですが… 약소하지만…
　　　ほんの気持ちですが… 마음뿐입니다만…
　　　お口に合うか分かりませんが… 입에 맞을지 모르겠지만…

3 **私も渡したいものがあるの** 나도 주고 싶은 것이 있어

'주다'에 해당하는 동사 'あげる'는 상대방에게 '도움이 될 만한 것을 준다'라는 뉘앙스가 포함되어 있기 때문에, '건네 주다'라는 뜻의 渡す를 사용하는 것이 좋다.

· 渡したい : 渡す의 ます형　渡し + たい(소망의 표현, ~하고 싶다)
　예　食べたいものがあれば何でも言ってください。 먹고 싶은 것이 있으면 무엇이든지 말하세요.

4 **開けてもいいですか** 열어도 됩니까?

· 동사 + 〜てもいい : ~해도 되다
　의문형으로 바꿔 허가를 요청하는 표현으로 사용할 수 있다.

　예　Q : ここに車を止めてもいいですか。 여기에 차를 세워도 되나요?
　　　A : ええ、いいですよ。 네, 괜찮아요.

　　　Q : 少し休んでもいい？ 잠깐 쉬어도 돼?
　　　A : うん、いいよ。 응, 괜찮아.

참고

〈동사 + てはいけない〉 ~(해)서는 / ~하면 안 된다

　예　テスト中に辞書を見てはいけません。 시험 중에는 사전을 봐서는 안 됩니다.
　　　この店ではお酒を飲んではいけない。 이 가게에서는 술을 마셔서는 안 된다.

14

5 バレンタインデーだったでしょう 밸런타인데이였잖아

문장 끝의 억양을 올려 말하면 자신이 한 말이 정확함을 청자에게 확인하는 뉘앙스가 된다.

예 今回の試験は難しかったでしょう。이번 시험은 어려웠죠?

> **참고**
>
> ~でしょうは ~だろう의 정중한 표현으로 화자가 추측해서 말할 때도 사용한다.
>
> 예 明日は晴れるでしょう。내일은 맑겠습니다(맑을 겁니다).
> 今日の試合は韓国が勝つでしょう。오늘 시합은 한국이 이길 겁니다.

심화학습

(1) 보통체와 정중체

일본어 문장 스타일은 술어의 형태를 중심으로 정중함의 정도에 따라 크게 정중체와 보통체로 나눌 수 있다. 정중형(です·ます형)을 사용한 문체를 정중체(존댓말), 기본형을 사용한 문체를 보통체(반말체)라고 한다.

	보통체(普通体)	정중체(丁寧体)
동사	行く 가다 行かない 가지 않는다 行った 갔다 行かなかった 가지 않았다 食べる 먹다 食べない 먹지 않는다 食べた 먹었다 食べなかった 먹지 않았다	行きます 갑니다 行きません 가지 않습니다 行きました 갔습니다 行きませんでした 가지 않았습니다 食べます 먹습니다 食べません 먹지 않습니다 食べました 먹었습니다 食べませんでした 먹지 않았습니다
い형용사	おいしい 맛있다 おいしくない 맛있지 않다 おいしかった 맛있었다 おいしくなかった 맛있지 않았다	おいしいです 맛있습니다 おいしくありません 맛있지 않습니다 (おいしくないです) おいしかったです 맛있었습니다 おいしくありませんでした 맛있지 않았습니다 (おいしくなかったです)
な형용사	好きだ 좋아하다 好きでは(じゃ)ない 좋아하지 않다 好きだった 좋아했다 好きでは(じゃ)なかった 좋아하지 않았다	好きです 좋아합니다 好きでは(じゃ)ありません 좋아하지 않습니다 好きでした 좋아했습니다 好きでは(じゃ)ありませんでした 좋아하지 않았습니다
명사	休みだ 휴일이다 休みでは(じゃ)ない 휴일이 아니다 休みだった 휴일이었다 休みでは(じゃ)なかった 휴일이 아니었다	休みです 휴일입니다 休みでは(じゃ)ありません 휴일이 아닙니다 休みでした 휴일이었습니다 休みでは(じゃ)ありませんでした 휴일이 아니었습니다
기타	勉強したい 공부하고 싶다 勉強している 공부하고 있다 勉強してもいい 공부해도 된다 勉強してはいけない 공부해서는 안 된다	勉強したいです 공부하고 싶습니다 勉強しています 공부하고 있습니다 勉強してもいいです 공부해도 됩니다 勉強してはいけません 공부해서는 안 됩니다

* 보통형에 접속되는 문형 : ～と思います

鈴木さんは明日、会社へ行くと思います。 스즈키 씨는 내일 회사에 가리라 생각합니다.

田中先生の授業はすばらしいと思います。 다나카 선생님의 수업은 훌륭하다고 생각합니다.

この町はきれいだったと思います。 이 마을은 깨끗했다(예뻤다)고 생각합니다.

彼は日本人だと思います。 그는 일본인이라고 생각합니다.

(2) ので와 から의 구별

ので와 から는 원인, 이유를 나타내는 표현으로 대부분의 경우 서로 바꿔 쓸 수 있다. 구별하여 사용할 때는 대체적으로 다음과 같은 경향이 있다.

	～から	～ので
문체	구어체에 주로 사용한다.	구어체, 문어체 양쪽 모두 사용 가능하다.
자기주장	자기주장의 강도가 세다. 화자의 기분을 드러내는 표현에 많이 사용한다.	자기주장보다는 주위에 대한 배려가 필요할 때 사용하는 표현이다. 사실 관계를 중립적으로 서술할 때 많이 사용한다.
의지 표현	여러 가지 의지 표현과 함께 사용 가능하다.	명령 표현과 같은 강한 의지를 나타내는 표현과는 함께 사용할 수 없다.
정중함	말투에 따라 정중하지 않은 표현이 될 수 있으니 손윗사람이나 처음 만나는 사람과 이야기할 때는 주의해야 한다.	정중한 말투로, 「ます/です」의 정중체에 사용하면 한층 더 정중한 표현이 가능하다.

* から

예 おいしいからもう一つ食べたいです。 맛있으니까 하나 더 먹고 싶어요.

危ないからそっちへ行ってはいけないよ。 위험하니까 그쪽으로 가면 안 돼.

* ので

예 月曜日は道が混むので、電車を利用します。 월요일은 길이 혼잡하기 때문에 전철을 이용합니다.

まだ学生なので映画のチケットが安くなります。 아직 학생이기 때문에 영화 티켓이 쌉니다.

학습평가

01 정중체는 보통체로, 보통체는 정중체로 바꿔 보세요.

(1) おはよう。韓国はどうだった？

    → _____

(2) 久しぶりだったので楽しかったです。

    → _____

(3) これは「本命」じゃなくて「義理」だからね。

    → _____

02 다음 (　　) 안의 동사를 알맞은 형태로 바꾸어 써 보세요.

(1) ありがとう！私も (渡す → 　　　　　　　　) ものがあるの。

고마워! 나도 건네주고 싶은 것이 있어.

(2) 今、(開ける → 　　　　　　　　) いいですか？わあ！チョコレートですね！

지금 열어도 돼요? 와! 초콜릿이네요!

(3) この店ではお酒を (飲む → 　　　　　　　) いけない。

이 가게에서는 술을 마셔서는 안 된다.

03 음성을 듣고 다음 (　　) 안의 한국어를 일본어로 써 넣으세요.　🎧 Track 03

金漢： これ、(별 것 아니지만 → 　　　　　　　　　　　)、韓国のお土産です。

鈴木： ありがとう！私も渡したいものがあるの。(자, 여기 → 　　　　　　　)。

金漢： わあ！チョコレートですね！

鈴木： (밸런타인데이였잖아? → 　　　　　　　　　　　)

     これは「本命」じゃなくて ('의리'니까 → 　　　　　　　)

金漢： ハハ、わかりました。(그럼 잘 먹겠습니다. → 　　　　　　　)。

2부

バレンタインデー

밸런타인데이

포인트 일본의 밸런타인데이 문화의 변화를 이해할 수 있습니다.

KEY WORD

일본의 밸런타인데이 : 日本のバレンタインデー
의리 초콜릿과 술 초콜릿 : 義理チョコと酒チョコ

일본 문화 속의 일본어

❀ **일본에서 밸런타인데이는 어떤 날인가요?**

밸런타인데이(Valentine's Day, バレンタインデー)는 2월 14일에 세계 각지에서 커플(カップル)이 사랑을 맹세하는 날이다. 일본에서는 1958년 무렵부터 독자적으로 발전해 왔다. 1945년 이전에 일본을 찾은 외국인에 의해 일부 실시되었고 제2차 세계 대전 이후 바로 유통업계와 제과업계에 의해 판매 촉진을 위한 보급이 시도되었지만, 일본 사회에 확산된 것은 1970년대 후반부터였다. 여성이 남성에게 친애하는 감정을 담아 초콜릿을 선물하는(女性じょせいが男性だんせいに対たいして、親愛しんあいの情じょうを込こめてチョコレートを贈おくる)일본식 밸런타인데이가 정착한 것도 이 즈음이다.

또한 고베(神戸こうべ)의 모로조후 제과(モロゾフ製菓せいか)가 쇼와(昭和しょうわ)11년(=1936년)에 외국인을 위한 영자 신문 〈더 재팬 애드버타이저(ザ・ジャパン・アドバタイザー)〉에 "당신의 밸런타인(친애하는 분)에게 초콜릿을 드립시다(あなたのバレンタイン(=愛いとしい方かた)にチョコレートを贈おくりましょう)"라는 카피(コピー)의 광고(広告こうこく)를 게재했는데, 모로조후 제과가 밸런타인 초콜릿을 최초로 고안했다는 설이 가장 유력하다.

❀ 일본에서 의리 초콜릿이란 무엇인가요?

의리 초콜릿(義理ぎりチョコ)이란 일반적으로 여성이 밸런타인데이인 2월 14일에 연애 감정이 없는 남성에게 평소 감사의 마음을 담아 의리상으로 선물하거나 화이트데이(ホワイトデー)의 답례를 기대하고 건네는 초콜릿(チョコレート)을 말한다. 연애 감정을 품고 마음속에 있는 사람에게 건네는 '진심 초콜릿(本命ほんめいチョコ)'과는 구별된다.

❀ 고디바는 어떤 초콜릿 회사인가요?

고디바(Godiva Chocolatier, ゴディバ・ショコラティエ)는 터키(トルコ)의 식품 기업 우르켈의 자회사로 벨기에(ベルギー)의 초콜릿 회사이다. 벨기에에서 창업해 왕실의 공식 납품 업체가 되었지만, 현재는 미국(アメリカ)과 유럽(ヨーロッパ), 아시아(アジア) 등지에서 초콜릿과 관련 상품을 판매하고 있다. 상품명은 잉글랜드의 전설에 나오는 고다이버 부인에서 유래한다. 고디바의 상표 로고를 보면 나체의 한 여인이 말을 타고 있는 모습이 그려져 있는데, 고다이버 부인의 유명한 전설에서 가져온 것이다. 고다이버 부인의 영어 발음은 '고다이버'인데, 프랑스어 발음은 '고디바'에 가깝다. 그래서 일본어 표기와 발음도 '고디바(ゴディバ)'로 하는 경우가 많다.

출처 ① | 고디바 일본 공식 사이트

이미지로 보는 일본 문화

의리 초콜릿과 술 초콜릿

1) **의리 초콜릿과 술 초콜릿** 일본에서 밸런타인데이(バレンタインデー)가 평일인 경우, 주말에 비해 의리 초콜릿(義理ぎりチョコ)의 판매가 늘어난다. 일본에서는 밸런타인데이에 직장 동료(同僚どうりょう)나 상사(上司じょうし)에게 의리 초콜릿을 건넨다. 이때, 단것(甘あまいもの)을 좋아하지 않는 남성에게는 술 초콜릿(酒さけチョコ)을 선물하기도 한다.

2) **초콜릿 전문점 : CaCao 鎌倉** 한편 관광객으로 붐비는 가마쿠라 코마치도오리(鎌倉小町通かまくらこまちどおり)에 니혼슈 브랜드(日本酒にほんしゅブランド) '닷사이(獺祭だっさい) 스파클링(スパークリング)'을 사용하는 초콜릿 전문점이 있다.

   스파클링을 사용하는 이유는 초콜릿과 같이 먹었을 때 상쾌감(爽快感そうかいかん)을 주기 때문이다. 제품 개발 당시에는 지방(脂肪しぼう)이 함유된 초콜릿과 수분인 술을 혼합하는 데 어려움이 있었다. 그러나 시행착오(試行錯誤しこうさくご) 끝에 초콜릿과 술이 서로 섞이는 딱 좋은(ちょうどいい) 온도를 찾아냈다. 이 제조법으로 니혼슈의 향과 부드러운 식감을 살리는 데에 성공했다. 닷사이를 사용한 초콜릿 이외에도 매실주(梅酒うめしゅ)와 소주(焼酎しょうちゅう)를 사용한 초콜릿도 있다.

   니혼슈 붐(日本酒ブーム)은 해외에도 불어 파리(パリ), 두바이(ドバイ) 등 해외로 수출하게 되었다.

니혼슈로 만든 초콜릿

출처 ② | ca ca o 공식 사이트

3) 의리 초콜릿 문화를 반대하는 '고디바' 일본의 여성들은 사랑하는 사람에게 어떻게 '진심 초콜릿'을 전할지 고민하는 동시에, 학교 친구나 직장 동료에게 전할 '의리 초콜릿'에 대해서도 생각한다. 이러한 일본의 의리 초콜릿 문화에 파문을 던진 곳이 바로 초콜릿 업계의 대기업(大手企業ぉぉてきぎょう)인 고디바이다. 고디바는 신문에 '일본은 의리 초콜릿을 그만두자(日本は、義理チョコをやめよう).'라는 광고를 게재했다. 초콜릿 기업으로서는 매우 도전적이면서도 무모한 느낌을 주는 광고였다. 다음은 일본경제신문(日本経済新聞にほんけいざいしんぶん)에 게재된 고디바의 광고 내용이다.

日本は、義理チョコをやめよう。

バレンタインデーは嫌いだという女性がいます。その日が休日だと、内心ホッとするという女性がいます。なぜなら、義理チョコを誰にあげるかを考えたり、準備をしたりするのがあまりにもタイヘンだからというのです。気を使う。お金も使う。でも自分からはやめづらい。それが毎年もどかしいというのです。それはこの国の女性たちをずっと見てきた私たちゴディバも、肌で感じてきたこと。もちろん本命はあっていいけど、義理チョコはなくてもいい。いや、この時代、ないほうがいい。そう思うに至ったのです。そもそもバレンタインは、純粋に気持ちを伝える日。社内の人間関係を調整する日ではない。だから男性のみなさんから、とりわけそれぞれの会社のトップから、彼女たちにまずひと言、言ってあげてください。「義理チョコ、ムリしないで」と。気持ちを伝える歓びを、もっと多くの人に楽しんでほしいから。そしてバレンタインデーを、もっと好きになってほしいから。愛してる。好きです。本当にありがとう。そんな儀礼ではない、心からの感情だけを、これからも大切にしたい私たちです。

(ゴディバジャパン株式会社　代表取締役社長)

광고 해석

일본은 의리 초콜릿을 그만두자.

밸런타인데이는 싫다고 하는 여성이 있습니다. 그 날이 휴일이라면 내심 안심된다는 여성이 있습니다. 왜냐하면 의리 초콜릿을 누구에게 줄지 생각하거나 준비를 하거나 하는 것이 너무나 힘들기 때문이라는 것입니다. 신경 쓰고 돈도 쓰고, 그러나 자기 스스로는 그만두기 어려워 매년 답답하다는 것입니다. 이는 이 나라의 여성들을 계속 지켜본 저희 고디바도 피부로 느껴왔던 점입니다. 물론 진심 초콜릿은 있어도 괜찮지만, 의리 초콜릿은 없어도 괜찮습니다. 아니, 이 시대에 없는 편이 낫다는 생각에까지 이르게 되었습니다. 본래 밸런타인데이는 순수하게 마음을 전하는 날입니다. 회사 내 인간관계를 조정(관리)하는 날이 아닙니다. 따라서 남성 여러분께서, 그 중에서도 각각의 회사 대표들께서 여성분들에게 먼저 한 마디 말해 주세요. "의리 초콜릿, 무리하지 말게."라고 말이죠. 마음을 전하는 기쁨을 보다 많은 분들께서 즐겨 주셨으면 합니다. 그리고 밸런타인데이가 좀 더 좋아지시길 바랍니다. '사랑해. 좋아합니다. 정말 고마워.' 그런 형식적인 의례가 아닌, 마음으로부터 우러나온 감정을 앞으로도 소중히 여기고 싶은 저희들입니다.

(고디바재팬주식회사 대표이사 사장)

○ 도쿄(東京<small>とうきょう</small>) 아오바(青葉<small>あおば</small>)의 고디바(ゴディバ) 매장 안은 밸런타인데이 일색이다.

2월 매출(売り上げ<small>うりあげ</small>)은 연 매출의 25%를 차지한다. 고디바는 의리 초콜릿의 폐지를 내걸었지만, 매장은 의리 초콜릿을 의식한 상품이 즐비하다.

고디바 재팬의 사장은 "인정이나 의리가 강한 것은 좋지만, 의리 초콜릿에는 거부감이 든다. 시간이 걸린다든지, 모두가 한다든지 하는 것은 본래의 의리가 아니다. 주는 사람 역시 행복하지 않으면 의미가 없다(人情<small>にんじょう</small>や義理堅<small>ぎりがた</small>いのは好<small>す</small>きだが、義理チョコには違和感<small>いわかん</small>がある。時間<small>じかん</small>がかかるとか、みんながやっているとか、それは本来<small>ほんらい</small>の義理ではない。あげる人がやはりハッピーじゃないと意味<small>いみ</small>がない)."라고 하면서 의리 초콜릿 판매를 하지 않아도 매출은 줄지 않는다며 자신감을 내비쳤다.

○ 요즘에는 중고등학교 여학생들 사이에서 초콜릿을 주고받는 '우정 초콜릿(友<small>とも</small>チョコ)' 문화가 확산되는 추세다. 경우에 따라 수십 개씩 만들어야 해서 학생뿐만 아니라 부모도 상당히 부담감을 느낀다고 한다. 말 그대로 의무적인 '의무 초콜릿(義務<small>ぎむ</small>チョコ)'이 된 셈이다. 그러나 의리 초콜릿이나 선물을 건네는 문화는 그 자체로도 매우 의미 있으며, 매년 경제적 수요를 창출한다는 이점도 있다.

생각해 보기

● 일본의 닷사이(獺祭だっさい)라는 술에 대해 알아 보세요.

아사히주조(旭酒造あさひしゅぞう) 주식회사는 야마구치현(山口県やまぐちけん) 이와쿠니시(岩国市いわくにし)에 있는 주조회사이다. 현재는 니혼슈(日本酒にほんしゅ) 닷사이(獺祭だっさい)만을 제조하고 있다. 양조 알코올 등의 부원료를 사용하지 않고 정미 비율이 50% 이하인 니혼슈, 즉 준마이다이긴죠(純米大吟醸酒じゅんまいだいぎんじょうしゅ)만을 만드는 것이 특징이다. 소위 대중적인 보통주(普通酒ふつうしゅ)를 만들지 않는데, 이처럼 위험 부담이 큰 경영 방침을 취하는 데는 아사히주조의 철학이 담겨 있다. 아사히주조는 야마구치현의 소규모 양조장(酒蔵さかぐら)이었다. 34세에 3대째 가업을 이어받은 사쿠라이히로시(桜井博志さくらいひろし)는 보통주 '아사히후지(旭富士あさひふじ)'의 양조를 중단하고, '취하기 위해, 팔기 위해 만드는 술이 아닌, 음미하기 위한 술을 추구하며(酔ょうため、売ぅるための酒さけではなく、味ぁじわう酒さけを求もとめて)'라는 정책하에 준마이다이긴죠를 양조하기 시작했다. 그것이 도쿄(東京)에 거주하는 야마구치현 출신자들의 입소문(口コミくちこみ)을 타고 전국적으로 퍼져 현재는 연 매출100억 엔을 웃돌 만큼 성장했다.

출처 ③ | 아사히주조 주식회사

학습평가

01 다음 단어의 읽는 법을 써 보세요.

① 義理 ＿＿＿＿＿＿＿＿＿ ② 上司 ＿＿＿＿＿＿＿＿＿

③ 広告 ＿＿＿＿＿＿＿＿＿ ④ 日本酒 ＿＿＿＿＿＿＿＿＿

⑤ 爽快 ＿＿＿＿＿＿＿＿＿ ⑥ 脂肪 ＿＿＿＿＿＿＿＿＿

⑦ 梅酒 ＿＿＿＿＿＿＿＿＿ ⑧ 焼酎 ＿＿＿＿＿＿＿＿＿

⑨ 本命 ＿＿＿＿＿＿＿＿＿ ⑩ 経済 ＿＿＿＿＿＿＿＿＿

⑪ 義務 ＿＿＿＿＿＿＿＿＿ ⑫ 酒蔵 ＿＿＿＿＿＿＿＿＿

02 다음 일본 밸런타인데이에 대한 설명 중 틀린 것을 고르세요.

① 일본에서 밸런타인데이가 평일인 경우는 주말에 비해 의리 초콜릿의 수요가 훨씬 늘어난다.

② 닷사이를 사용한 초콜릿 이외에도 매실주나 소주를 사용한 초콜릿도 있지만, 부드러운 식감은 소주로 만든 초콜릿이 가장 좋다.

③ 도쿄의 아오바에 있는 고디바 가게는 밸런타인데이가 있는 2월의 매출이 연간 매출의 25%를 차지한다.

④ 일본에서 의리 초콜릿이나 선물을 건네는 문화는 매우 의미 있으며, 매년 경제적 수요를 창출한다는 이점도 있다.

Unit 02

1부 部屋を探しているんですが
へや　　さが

방을 찾고 있습니다만

2부 空き家対策
あ　　や　たいさく

빈집 대책

학습 목표

- 일본의 빈집 사정과 재건축 문화를 이해하고 이사하기 위해 부동산에서 상담할 때 필요한 표현을 구사할 수 있다.
- 동사의 ～ている 활용과 ～ん(の)です의 문형을 활용해 질문이나 의뢰를 할 수 있다.
- 일본의 철도 회사가 리모델링 비용을 무료로 하는 빈집 대책의 배경을 이해할 수 있다.

部屋を探しているんですが

방을 찾고 있습니다만

포인트 이사할 곳을 찾아 부동산에서 상담하는 내용을 학습합니다.

회화 🎧 Track 04

不動産屋（ふどうさんや）　いらっしゃいませ。

金漢（キムハン）　部屋（へや）を探（さが）しているんですが。

不動産屋（ふどうさんや）　どのようなお部屋（へや）をご希望（きぼう）でしょうか。

金漢（キムハン）　1LDKで、京急線沿線（けいきゅうせんえんせん）でお願（ねが）いしたいです。

不動産屋（ふどうさんや）　わかりました。では、さっそく調（しら）べてきますね。

（しばらくして）

この物件（ぶっけん）はいかがですか。

空（あ）き家（や）を改造（かいぞう）したもので、駅（えき）からはちょっと歩（ある）かなければなりませんが。

金漢（キムハン）　家賃（やちん）や部屋（へや）の間取（まど）りとかはいいですね。実際（じっさい）にみてみたいです。

不動産屋（ふどうさんや）　わかりました。では、ご案内（あんない）します。

단어 및 표현　🎧 Track 05

- 不動産屋（ふどうさんや） 부동산(직원)
- いらっしゃいませ 어서 오십시오
- 部屋（へや） 방
- 探（さが）す 찾다
- 希望（きぼう） 희망
- 1LDK 방 하나에 거실(Living), 주방
  (Dining), 부엌(Kitchen)이 하나로 구성된 집

- 京急線（けいきゅうせん） 게이큐센
- 沿線（えんせん） 버스나 전철의 노선 주변
- さっそく 즉시, 바로
- 調（しら）べる 조사하다
- 物件（ぶっけん） (주로 부동산의) 물건
- 空（あ）き家（や） 빈 집

- 改造（かいぞう）する 개조하다
- 歩（ある）く 걷다
- 家賃（やちん） 집세
- 間取（まど）り 방의 배치
- 実際（じっさい）に 실제로
- 案内（あんない）する 안내하다

주요 표현

① 探^{さが}しているんですが　찾고 있습니다만

- 동사 て형 + いる : ~하고 있다

  <예> 本^{ほん}を読^よんでいる。 책을 읽고 있다. ／ 映画^{えいが}を見^みています。 영화를 보고 있습니다.

- 동사 て형 관련 표현

  ～てくる : 調^{しら}べてきます　조사해 오겠습니다

  ～ていく : 調^{しら}べていきます　조사해서 가겠습니다

  ～てみる : 調^{しら}べてみます　조사해 보겠습니다

- ～ん(の)ですが : ~입니다만 / ~(인)데요

  의뢰하거나 질문할 때 말을 꺼내는 표현으로 유용하게 쓰인다.

  <예> コンビニへ行^いきたいんですが。 편의점에 가고 싶은데요.
  漢字^{かんじ}がよく見^みえないんですが。 한자가 잘 안 보이는데요.

② 1 LDKで、京急線沿線^{けいきゅうせんえんせん}でお願^{ねが}いしたいです
1 LDK로(이고), 게이큐센 노선 주변으로 부탁하고 싶습니다

- 명사 + で : ~로 (명사문의 연결형)

  <예> パクさんは私^{わたし}の友達^{ともだち}で、俳優^{はいゆう}です。 박 씨는 내 친구로(이고) 배우입니다.

- ～でお願^{ねが}いする : ~으로 부탁하다

  <예> コーヒーでお願いします。 커피로 부탁합니다.
  日本語^{にほんご}でお願いします。 일본어로 부탁합니다.

3 **空き家を改造したもので** 빈집을 개조한 것으로
　　　あ　や　かいぞう

- する動사 : '한자어 + する'의 형태로 한국어의 '한자어 + 하다'와 유사하게 사용된다.

- 주로 사용되는 する 동사

  案内する 안내하다　　移動する 이동하다　　運転する 운전하다　　改造する 개조하다
  あんない　　　　　　　い どう　　　　　　　うんてん　　　　　　　かいぞう

  確認する 확인하다　　乾杯する 건배하다　　感謝する 감사하다　　結婚する 결혼하다
  かくにん　　　　　　　かんぱい　　　　　　　かんしゃ　　　　　　　けっこん

  紹介する 소개하다　　心配する 걱정하다　　電話する 전화하다　　勉強する 공부하다
  しょうかい　　　　　　しんぱい　　　　　　　でん わ　　　　　　　べんきょう

  予約する 예약하다　　連絡する 연락하다　　利用する 이용하다
  よ やく　　　　　　　れんらく　　　　　　　り よう

- 최근에는 가타카나 + する의 형태도 늘어나고 있다.

  アクセスする 액세스(접속)하다　　コピーする 카피(복사)하다　　メモする 메모하다

- した : する의 과거형 (た형)

	보통체	보통체 부정	정중체	정중체 부정
현재	する 한다	しない 하지 않는다	します 합니다	しません 하지 않습니다
과거	した 했다	しなかった 하지 않았다	しました 했습니다	しませんでした 하지 않았습니다

예 昨日予約したホテルを確認したいです。 어제 예약한 호텔을 확인하고 싶습니다.
　　きのう よ やく　　　　　　かくにん

4 駅からはちょっと歩かなければなりませんが <small>역에서는 조금 걷지 않으면 안 됩니다만</small>

- 동사의 ない형

  1그룹 동사 : 歩く → あるか + ない

  2그룹 동사 : 食べる → たべ + ない

  3그룹 동사 : する → し + ない / くる → こ + ない

- なければならない (なければいけない) : ~하지 않으면 안 된다, ~해야 한다

  'なくてはならない', 'なくてはいけない' 등의 형태로도 사용된다.

  예 一生懸命に働かなければなりません。 <small>열심히 일하지 않으면 안 됩니다.</small>
  明日の朝7時に電車に乗らなければいけません。 <small>내일 아침 7시에 전철을 타야 합니다.</small>

  ### 참고

  정중한 형태

  - 部屋 → お部屋 / 希望 → ご希望

    일본의 고유어에는 お, 한자어에는 ご를 붙여 정중한 표현을 만드는 법칙이 있다.
    단, お部屋・お電話 등 이미 일상생활에서 익숙하게 사용되는 단어에는 한자어라도
    お를 붙이는 경향이 있다.

- ご + する 동사의 어간 + する

  예 こちらからご連絡します。 <small>이쪽에서 연락드리겠습니다.</small>
  物件をご案内します。 <small>(부동산)물건을 안내해 드리겠습니다.</small>

심화학습

(1) ～んです / ～のです

- 활용 형태 : 보통체 ＋ ん / の

		〈현재〉	〈과거〉
명사	会社員だ	会社員なんです	会社員だったんです
い형용사	楽しい	楽しいんです	楽しかったんです
な형용사	心配だ	心配なんです	心配だったんです
동사	行く	行くんです	行ったんです

- 용법

① ～ん(の)です를 사용하면 자신의 주장이나 감정을 표현하여 자연스럽게 대화를 이어나갈 수 있다.

- 객관적인 사실 : 예 雨が降っています。 비가 오고 있습니다.
- 감정 표현 : 예 え！雨が降っているんだ！ (비가 올 줄은 몰랐는데)어, 비가 오네!

② 설명을 요구하거나 사정, 이유 등을 설명할 때 사용한다.

- 객관적인 질문에 대한 대답(설명) :

  예 医者 : どうしました。 어떻게 오셨나요(무슨 일 있으세요)?
  患者 : 転んだんです。 넘어졌어요.

- 설명을 요구하는 질문과 그에 대한 대답

  예 友人１ : どうしたんですか！ 어떻게 된 건가요?
  友人２ : 転んだんです。 넘어졌어요.

  예 上司 : どうして遅れたんですか。 왜 늦은 겁니까?
  部下 : すみません。バスが来なかったんです。 죄송해요. 버스가 오지 않았어요.

③ 前置き(서론 혹은 쿠션) 표현으로, 질문이나 의뢰의 말을 꺼내려 할 때 본론에 앞서 미리 언질을 주는 역할을 한다.

  예 お手洗いに行きたいんですけど、外へ出てもいいですか。
  화장실에 가고 싶은데요, 밖에 나가도 될까요?

  これから映画を見に行くんですけど、一緒に行きませんか。
  지금부터 영화를 보러 가는데요, 같이 안 갈래요?

다음의 (   ) 안에 적당한 표현을 넣으세요.

예 Q : どうしたんですか。このケーキ！

A : 明日は金さんの (생일입니다. → ①   )。

Q : 顔色が悪いですね。どうかしたんですか。

A : 頭が (아파요. → ②   )

Q : いいかばんですね。どこで (산 것입니까? → ③   )。

A : デパートで (산 것입니다. → ④   )。

(2) 〜ている의 용법

– 현재 진행:　　　　　　　예 音楽を聞いています。 음악을 듣고 있습니다.

– 결과, 상태의 지속:　　　예 さくらの花が落ちている。 벚꽃이 떨어져 있다.

– 반복되는 습관, 경향:　　예 毎朝ジョギングをしている。 매일 아침 조깅을 하고 있다.

– 착용:　　　　　　　　　예 眼鏡をかけています。 안경을 쓰고 있습니다.

– 知る・結婚する・愛する・住む 동사는 〜ている형으로 사용한다.

　　　　　　　　　　　예 田中さんを知っていますか。 다나카 씨를 알고 있습니까?

　　　　　　　　　　　　結婚していますか。 결혼했습니까?

참고

朝ごはんを食べましたか。

〈부정문〉 いいえ、まだ食べていません。(○)　 いいえ、まだ食べませんでした。(×)

다음 문장을 「〜ている」의 형태로 바꿔 보세요.

① 図書館で勉強する 도서관에서 공부하다　　→ _____

② 風がふく 바람이 불다　　　　　　　　　　→ _____

③ 彼はもうすでに起きる 그는 벌써 일어나다 → _____

④ スーツを着る 수트를 입다　　　　　　　　→ _____

⑤ 東京に住む 도쿄에 살다　　　　　　　　　→ _____

학습평가

01 다음 단어의 읽기와 한국어 의미를 써 보세요.

(1) 沿線 _____ (2) 物件 _____

(3) 改造 _____ (4) 家賃 _____

02 다음 ( ) 안의 동사를 알맞은 형태로 바꾸어 써 보세요.

(1) わかりました。では、さっそく (調べる →   ) ね。
알겠습니다. 바로 조사해 오겠습니다.

(2) 空き家を改造したもので、駅からはちょっと (歩く →   ) が。
빈집을 개조한 것으로 역에서부터는 조금 걷지 않으면 안됩니다만.

(3) 家賃や部屋の間取りとかはいいですね。実際に (みる →   ) です。
방값이나 방의 배치는 좋네요. 실제로 보고 싶습니다.

03 음성을 듣고 다음 ( ) 안의 한국어를 일본어로 써 넣으세요. 🎧 Track 06

不動産屋 : いらっしゃいませ。

金漢 : 部屋を (찾고 있습니다만 →   )

不動産屋 : どのようなお部屋を (희망하십니까? →   )?

金漢 : 1 LDKで、京急線沿線でお願いしたいです。

不動産屋 : この物件は (어떻습니까? →   )。

金漢 : 家賃や部屋の (방 배치 →   ) とかはいいですね。
実際にみてみたいです。

不動産屋 : わかりました。では、ご (안내 →   ) します。

2부

空き家対策

빈집 대책

포인트 일본 철도 회사의 빈집 대책을 통해 새로운 건축 문화를 이해할 수 있습니다.

KEY WORD

일본의 부동산 : 日本の不動産

일본 철도 회사의 빈집 대책 : 鉄道会社の空き家対策

일본 문화 속의 일본어

❀ 일본의 고령화와 빈집 문제는 어떤 관계가 있나요?

　　일본에서는 인구 감소(人口減少じんこうげんしょう)와 공급 과잉(供給過剰きょうきゅうかじょう)의 영향으로 파산(破産はさん)하는 임대 주택 소유자들이 급증하고 있다. 아베노믹스(アベノミクス) 이후 금융 규제 완화와 함께 상속세 절세 수단으로 유휴 토지를 활용한 임대 주택 건설이 투자 수단으로 인기를 얻었으나, 정확한 실수요 예측이 없는 무분별한 건설이 부메랑이 된 형국이다. 처분이 곤란해진 부동산(不動産ふどうさん)을 빚더미 재산이라는 의미로 '부동산(負動産ふどうさん)'으로 표현한 신조어까지 등장했을 정도다. 서브리스(sublease, サブリース) 계약은 임대 관리 업체가 소유주로부터 건물 전체를 임차한 뒤 이를 다시 개별 임차인에게 재임대하는 것을 말한다. 업체는 소유주에게 10년간 고정 임대 수익을 보장하는 대신 입주자 모집과 시설 관리, 임대료(家賃やちん) 수납 등을 직접 담당한다. 그러나 안정적 투자처가 될 것이라는 예상과 달리 주변에 임대 주택들이 신축돼 공급 과잉이 일어나 입주자를 구하기 어려워지면서 10년이 지난 주택은 임대료가 떨어지는 구조가 되었다. 일본에서 저출산(少子化しょうしか), 고령화(高齢化こうれいか)에 따른 빈집(空あき家や) 문제는 예견된 바이다. 국토교통성(国土交通省こくどこうつうしょう)에 따르면 2013년 일본의 주택 수는 6,063만 채로 이 중 13.5%인 820만 채가 빈집이었다. 노무라종합연구소(野村総合研究所のむらそうごうけんきゅうじょ)는 2033년에는 7,106만 채 중 2,146만 채(30.2%)가 빈집이 될 것으로 전망했다. 즉 일본의 집 3채 중 1채가 빈집이 되는 셈이다.

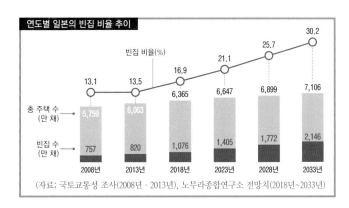

연도별 일본의 빈집 비율 추이

빈집 비율(%)

13.1 13.5 16.9 21.1 25.7 30.2

총 주택 수 (만 채)
5,759 6,063 6,365 6,647 6,899 7,106

빈집 수 (만 채)
757 820 1,076 1,405 1,772 2,146

2008년 2013년 2018년 2023년 2028년 2033년

(자료: 국토교통성 조사(2008년·2013년), 노무라종합연구소 전망치(2018년~2033년)

❀ 일본 부동산에서 서브리스란 무엇인가요?

서브리스(サブリース)란 전대(又貸またがし, 転貸てんたい)를 말한다. 부동산 임대(不動産賃貸 ふどうさんちんたい)에서는 전대를 목적으로 한 일괄 차용을 서브리스라고 말하는 경우가 많다. 규정법이 없고 국토교통성이 주도하는 임의의 등록 제도이다. 근래 소송(訴訟そしょう)이 다발하는 등 사회 문제가 되었다. 서브리스란 물건을 일괄 임대(마스터리스라고도 함)하여, 이를 분할 또는 전체를 제 3자에게 전대하는 사업 형태이다. 장기적으로 집주인(家主やぬし)의 이익을 보증하는 계약이 아니기 때문에 충분한 주의가 필요하다.

❀ 일본의 토목 건축 회사 고무텐(工務店こうむてん)은 무엇인가요?

주로 단독 주택(一戸建いっこだて) 등을 도급 맡은 지방의 건축 전문 건설업자를 전통적으로 고무텐(工務店こうむてん)이라고 부르는 경우가 많다. 고무텐은 개인과 제조사 등으로부터 단독주택을 도급 맡아 전문 공사업자(소위 목수(大工だいく), 미장이(左官さかん), 전기(電気でんき), 수도(水道すいどう) 등의 건축계 기술자)의 모집, 관리, 기타 공사 전체를 감독하는 역할을 담당한다.

단독 주택의 건축 현장은 사장과 기술자가 중심이 된다. 사장에게는 기술자의 분쟁을 중재하고 보수의 선금을 변통하며 책임자로서 지역 주민의 고충에 머리를 조아리고 다니는 역할이 요구된다. 그래서 무엇보다 신용과 인격을 필요로 한다.

다케나카고무텐(竹中工務店たけなかこうむてん), 미우라고무텐(三浦工務店みうらこうむてん) 등 종합 건설 회사(ゼネコン), 하도급 업자(サブコン)와 같은 건설 회사의 회사명에도 사용되지만, 회사 규모가 다를 뿐이다. 고무텐은 지역 밀착형으로 운영하고 있어 주민의 애프터케어(アフターケア)도 꼼꼼히 챙기는 등 높은 유연성을 발휘한다는 이점이 있다.

❀ 일본의 대표적인 철도 회사 게이큐전철(京急電鉄けいきゅうでんてつ)은 어떤 곳인가요?

게이힌큐코전철 주식회사(京浜急行電鉄株式会社けいひんきゅうこうでんてつかぶしきがいしゃ)는 약칭으로 '게이큐(京急けいきゅう)'라고도 부른다. 게이힌큐코전철은 도쿄도(東京都とうきょうと) 미나토구(港区みなとく)에서 시나가와구(品川区しながわく), 오타구(大田区おおたく), 가나가와현(神奈川県かながわけん) 가와사키시(川崎市かわさきし), 요코하마시(横浜市よこはまし), 나아가 미우라반도(三浦半島みうらはんとう)에 이르는 철도 노선을 운영하고 있다. 근래는 하네다 공항(羽田空港はねだくうこう)으로 이어지는 철도로도 이용되고 있다.

이미지로 보는 일본 문화

일본 철도 회사의 리모델링

지금 일본에서는 장기간 거주자가 없이 황폐해지고 있는 빈집 문제(空あき家や問題もんだい)가 발생하고 있다. 이러한 상황에서 위기감이 더욱 고조되고 있는 곳이 바로 철도 회사(鉄道会社てつどうがいしゃ)이다. 도쿄도(東京都)와 가나가와현(神奈川県)의 미우라반도(三浦半島)를 잇는 게이큐전철(京急電鉄) 연선(沿線えんせん)을 따라 인구 감소가 진행되고 있는 것으로 밝혀졌다. 이에 게이큐전철은 리모델링(リフォーム) 대금을 무료로 하는 파격적인 조건을 내세워 대책 마련에 나섰다.

게이큐전철 연선의 가나가와구 주민은 점점 고령화되고 급경사의 언덕길도 많아 인구가 감소하고 있다. 그래서 빈집 문제가 더욱 심각해지고 있다. 빈집의 존재가 인구 감소에 박차를 가할 우려가 있다.

이대로 인구 감소가 진행되면 승객이 줄어 게이큐전철의 경영(経営けいえい)에도 큰 타격을 받게 된다. 연선 지역과 철도 사업자는 운명 공동체라고 생각하고 빈집 문제를 조금이라도 개선해 나가기 위해 방안을 마련하고 있다. 빈집의 증가를 막고 젊은 주민을 불러들이기 위해, 게이큐전철은 요코하마시의 '토목건축회사(工務店こうむてん) 루비스(ルーヴィス)'와 연계하여 '빈집 재생 후 대여'하는 서비스에 주력하고 있다. 이 서비스는 빈집을 집주인으로부터 6년간 빌린 뒤, 자신들의 비용으로 수리하여 제 3자에게 재임대(서브리스)하는 방식이다.

이때, 루비스는 입주자로부터 집세를 받고 그 집세의 10%를 집주인(家主やぬし)에게 환원한다. 루비스는 집세 수입에서 수리비를 마련하는 것이다. 입주자가 들어오지 않아도 집세의 10%는 루비스가 보증하도록 되어 있다. 집세가 10만 엔일 경우 집주인에게 돌아오는 수입은 월 1만 엔 정도이지만, 6년 후에는 다시 집이 자신에게 돌아오기 때문에, 당장으로서는 재산세(固定資産税こていしさんぜい)만큼만 조달하면 된다고 생각한다.

게이큐전철은 빈집 수리비와 집주인에게 지불하는 집세의 10%를 부담한다. 루비스는 실제 보수 작업과 입주자 모집을 맡는다. 인구 감소 시대에 돌입하여 대규모 아파트 건설 자체가 사업자로서는 위험 부담이 커지다 보니 빈집을 개선하고 활성화하는 쪽으로 눈을 돌리고 있다. 이 서비스는 철도 회사, 건축 회사 모두에게 유리한 방식이라는 관점이다. 집주인 역시 재산세를 낼 수 있고 수리비를 들이지 않는다는 점에서 이득이다. 하지만 내진성과 화재 규제를 고려한 투자가 필요한 실정이다.

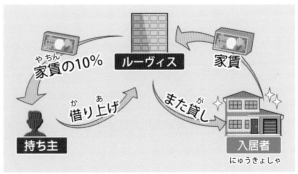

생각해 보기

● 일본에서 고민가풍의 디자인(古民家風こみんかふうのデザイン)은 어떤 것인지 알아 보세요.

오래된 민가 느낌의 인테리어(インテリア)는 일본의 전통적인 정서를 맛볼 수 있어 꾸준히 사랑받는 실내 디자인이다. 다만 옛날 그대로 생활하는 방식이 아니라 현대의 라이프스타일(ライフスタイル)에 맞춰 설계하는 것이 주류이다. 낮은 밥상(ちゃぶ台だい), 다다미(畳たたみ), 방석(座布団ざぶとん)과 같은 일본의 전통적인 좌식 생활을 즐길 수 있다. 오래되고 좋은 물건은 남기고 생활에 맞지 않은 물건은 바꿔가는 신구(新旧しんきゅう)가 공존하는 삶에 대한 동경(憧れあこがれ)이 오래된 민가의 인기를 뜨겁게 하고 있다.

학습평가

01 다음 단어의 읽는 법을 써 보세요.

① 不動産 _____   ② 空き家 _____

③ 又貸し _____   ④ 転貸 _____

⑤ 国土交通省 _____   ⑥ 家主 _____

⑦ 一戸建て _____   ⑧ 工務店 _____

⑨ 大工 _____   ⑩ 座布団 _____

⑪ 京急 _____   ⑫ 固定資産税 _____

02 다음 일본 부동산에 대한 설명 중 틀린 것을 고르세요.

① 빈집의 숫자는 매년 증가하고 있으며, 2033년에는 일본의 집 3채 중 1채가 빈집이 될 것이라는 보고도 나왔다.

② 인구 감소 시대에 돌입하여 대규모 아파트를 건설하거나 개발하는 것 자체가 사업자로서 위험 부담을 줄여 준다.

③ 빈집의 존재가 인구 감소에 박차를 가할 우려가 있다.

④ 연선 지역과 철도 사업자는 운명 공동체라고 생각하고 빈집 문제를 조금이라도 개선해 나가기 위한 방안을 마련하고 있다.

Unit 03

1부 行ったことある?

간 적 있어?

2부 ダブルブランド

더블 브랜드

학습 목표

• 일상생활에 필요한 물건을 사고 정보를 얻기 위해 필요한 표현을 구사할 수 있다.

• 동사의 た형 활용을 이용해 '과거, 경험, 시간의 순서' 등과 관련된 표현을 구사할 수 있다.

• 일본의 더블 브랜드를 통해 새로운 기업 문화를 이해할 수 있다.

1부 行ったことある？

간 적 있어?

 이사 후 일상생활에 필요한 물건을 사기 위해 상의하는 대화를 학습합니다.

회화 🎧 Track 07

陽子（ようこ） ハンちゃん、引（ひ）っ越（こ）しは無事（ぶじ）に終（お）わった？

金漢（キムハン） うん。なんとかね。でも、掃除（そうじ）をしたり、必要（ひつよう）なものを買（か）いに

行（い）ったり、しなきゃいけないことがけっこうあるんだ。

陽子（ようこ） そうか。じゃ、掃除（そうじ）をした後（あと）で、買（か）い物（もの）に行（い）く？

ちかくに「メガドンキ」ができたんだけど、行（い）ったことある？

金漢（キムハン） まだだけど。何（なに）それ？

陽子（ようこ） ドン・キホーテと大型（おおがた）スーパーが一緒（いっしょ）になったお店（みせ）だよ。

食品（しょくひん）や日用品（にちようひん）や家電（かでん）、服（ふく）まで何（なん）でもあるよ。

金漢（キムハン） 今（いま）の僕（ぼく）にはちょうどいいかも。そこに行（い）きたい！

 🎧 Track 08

- 引（ひ）っ越（こ）し 이사
- 無事（ぶじ）に 무사히
- 終（お）わる 끝나다
- なんとか 어떻게(든), 그럭저럭
- 掃除（そうじ） 청소
- 必要（ひつよう）だ 필요하다

- 買（か）いに行（い）く 사러 가다
- けっこう 제법, 충분히
- 買（か）い物（もの） 쇼핑, 물건 사기
- ちかく 가까운 곳
- メガドンキ 메가 돈키호테 유니
- できる 생기다, 가능하다

- 大型（おおがた）スーパー 대형 슈퍼
- 食品（しょくひん） 식품
- 日用品（にちようひん） 일용품
- 家電（かでん） 가전, 가전제품
- 服（ふく） 옷
- ちょうど 꼭, 정확히, 마침, 알맞게

주요 표현

1 引っ越しは無事に終わった？ 이사는 무사히 끝났어?

· 終わった：終わるの 과거형

て형 활용과 동일한 음편 현상이 발생

1그룹 동사
① う・つ・る → った
会う → 会った　待つ → 待った　終わる → 終わった

② ぬ・む・ぶ → んだ
死ぬ → 死んだ　飲む → 飲んだ　遊ぶ → 遊んだ

③ く → いた　　・ぐ → いだ
書く → 書いた　泳ぐ → 泳いだ

④ す → した
話す → 話した

※ 예외 行く → 行った

2그룹 동사
동사의 어미 る를 떼고 た를 붙인다.
食べる → 食べた　できる → できた

3그룹 동사　する → した　くる → きた

예 仕事がはやく終わった。일이 빨리 끝났다.
ダイエットをしているので夕食を5時に食べた。다이어트를 하고 있기 때문에 저녁을 5시에 먹었다.

2 掃除をしたり、必要なものを買いに行ったり 청소를 하거나 필요한 물건을 사러 가거나

· 동사의 た형을 써서 「〜たり〜たり(する)」를 붙이면 '~하거나 ~하거나 (한다)'의 의미가 된다.
형태는 과거형이지만 한국어로 옮길 때는 현재형으로 해석한다.

예 友だちとよく映画を見たりカラオケに行ったりします。
친구와 자주 영화를 보거나 노래방에 가거나 합니다.

Q：先週の日曜日は何をしましたか。 지난주 일요일은 무엇을 했습니까?
A：本を読んだり、音楽を聞いたりしました。 책을 읽거나 음악을 듣거나 했습니다.

· 동사의 ます형 + に行く：~하러 하다
예 日本に留学中の娘に会いに行きます。 일본 유학 중인 딸을 만나러 갑니다.

3 掃除をした後で、買い物に行く？ 청소한 뒤에 물건 사러 갈까?

- ~た後で : '~한 후에'로 해석되며, 앞의 동작이 완료된 후에 다른 동작이 이어서 발생할 경우 사용하는 표현이다.

  예 食事をした後で、このくすりを飲んでください。 식사를 한 후에 이 약을 드세요.

  テストが終わった後で遊びに行きます。 시험이 끝난 후에 놀러 갑니다.

4 「メガドンキ」ができたんだけど、行ったことある？
'메가 돈키'가 생겼는데, 간 적 있어?

- ~たことがある : '~한 적 있다'로 해석되며, 과거의 경험이나 경력에 사용하는 표현이다.

  예 飛行機に乗ったことがありますか。 비행기를 탄 적이 있습니까?

  日本の旅館に泊まったことがあります。 일본 여관에 묵은 적이 있습니다.

5 食品や日用品や家電、服まで何でもあるよ 식품이나 일용품이나 가전, 옷까지 무엇이든 다 있어

- 명사 や + 명사 や(など) : '~나 ~나 (등)'으로 해석되며, 열거를 나타내는 조사이다. 눈앞에 있는 것 혹은 대표적인 것만을 예로 들어 열거한다.

  예 休みにはマンガや雑誌などを読みます。 쉬는 날에는 만화나 잡지 등을 읽습니다.

  참고

  병렬을 나타내는 「と」와의 차이

  「と」는 해당하는 것 모두 열거하고, 「や」는 모두 열거하지 않는다.

  Q : かばんの中に何がありますか。 가방 속에 무엇이 있습니까?

  A : スマートフォンと財布があります。 스마트폰과 지갑이 있습니다.

  A : スマートフォンや財布(など)があります。 스마트폰이나 지갑 등이 있습니다.

6 今の僕にはちょうどいいかも _{いま} _{ぼく} 지금의 나에게는 딱 좋을지도

- ちょうど : 넘치거나 모자람 없이 딱 맞는, 적당한 상태
  - 예 ちょうど約束の時間に着きました。 딱 (맞게) 약속 시간에 도착했습니다.

- かも : 「かもしれない」의 줄임말

  동사, い형용사의 보통체 + かもしれない
  - 예 山田さんは今ドン・キホーテにいるかもしれません。

    야마다 씨는 지금 돈키호테에 있을지도 모릅니다.

    今の東京は寒いかもしれない。 지금 도쿄는 추울지도 모른다.

※ 명사와 な형용사는 보통체에서 だ가 탈락된다.
  - 예 山田さんは学生だ。 → 山田さんは学生だかもしれない。

    야마다 씨는 학생일지도 모른다.

    山田さんは猫がきらいだ。 → 山田さんは猫がきらいだかもしれない。

    야마다 씨는 고양이를 싫어할지도 모른다.

심화학습

(1) 주요 동사의 た형 활용

기본형	た형
会う 만나다	会った 만났다
言う 말하다	言った 말했다
買う 사다	買った 샀다
行く 가다	行った 갔다
書く 쓰다	書いた 썼다
話す 이야기하다	話した 이야기했다
待つ 기다리다	待った 기다렸다
死ぬ 죽다	死んだ 죽었다
遊ぶ 놀다	遊んだ 놀았다
飲む 마시다	飲んだ 마셨다
読む 읽다	読んだ 읽었다
わかる 알다	わかった 알았다
ある 있다	あった 있었다
乗る 타다	乗った 탔다
帰る 돌아가다/돌아오다	帰った 돌아갔다/돌아왔다
入る 들어가다/들어오다	入った 들어갔다/들어왔다
切る 자르다	切った 잘랐다
歩く 걷다	歩いた 걸었다

呼ぶ 부르다		呼んだ 불렀다	
持つ 가지다/들다		持った 가졌다/들었다	
作る 만들다		作った 만들었다	
見る 보다		見た 봤다	
食べる 먹다		食べた 먹었다	
寝る 자다		寝た 잤다	
いる 있다		いた 있었다	
教える 가르치다		教えた 가르쳤다	
起きる 일어나다		起きた 일어났다	
着る 입다		着た 입었다	
来る 오다		来た 왔다	
する 하다		した 했다	

(2) た형의 기본 용법

① 과거, 완료

예 昨日出張から帰ってきた。 어제 출장에서 돌아왔다.

夏が来た。 여름이 왔다.

② 상태

예 ああ、疲れた。 아, 피곤하다.

おなか空いた。 배고프다.

③ 발견, 확인

예 あ、あった。自転車ここですよ。 아, 있다. 자전거 여기 있어요.

あ、あさって約束があった。 아, 모레 약속이 있었다.

(3) た형 활용의 주요 문형

① 〜たことがある : ~한 적이 있다

예 外国で暮らしたことがある。외국에서 살았던 적이 있다.

② 〜たり〜たりする : ~하거나 ~하거나 한다

예 家の前を行ったり来たりしています。집 앞을 왔다갔다하고 있어요.

③ 〜た後で〜 : ~한 후에, ~한 다음에

예 運動をした後でビールを飲みます。운동을 한 후에 맥주를 마십니다.

④ 〜た方がいい : ~하는 편이 좋다(충고)

예 もう少し考えた方がいいですよ。조금 더 생각하는 편이 좋아요.

　　早く連絡した方がいいです。빨리 연락하는 편이 좋습니다.

*〜ない方がいい : ~하지 않는 편이 좋다(충고)

예 A : 風邪をひいています。감기에 걸렸습니다.

　　B : お風呂には入らない方がいいです。목욕은 하지 않는 편이 좋습니다.

*동사의 기본형 + 方がいい : ~하는 것이 더 좋다(비교)

예 料理は作るより食べる方がいいです。요리는 만드는 것보다 먹는 것이 좋아요.

⑤ 〜たばかり : ~한 지 얼마 안 됨, ~(지금) 막 ~함

예 今着いたばかりです。지금 막 도착했습니다.

　　A : このケーキ、どうぞ。이 케이크 드세요.

　　B : さっきパンを食べたばかりです。조금 전에 빵을 막 먹었어요. (빵 먹은 지 얼마 안 됐어요.)

⑥ 〜たまま : ~한 채로

예 電気をつけたまま、眠ってしまいました。불을 켠 채로 잠들어 버렸습니다.

　　立ったままずっと待っていました。선 채로 계속 기다리고 있었습니다.

학습평가

01 다음 단어의 읽기와 한국어 의미를 써 보세요.

(1) 掃除 _____ (2) 買い物 _____

(3) 大型 _____ (4) 食品 _____

(5) 日用品 _____ (6) 家電 _____

02 동사 た형의 활용에 알맞게 빈 칸을 채우세요.

	行く	食べる	する	入る
～た	行った			
～ことがある		食べたことがある		
～た方がいい			した方がいい	
～たばかり				入ったばかりです
～たまま	行ったまま			

03 음성을 듣고 다음 ( ) 안의 한국어를 일본어로 써 넣으세요. 🎧 Track 09

陽子 : ハンちゃん、引っ越しは (무사히 → 　　　　　　　) 終わった？

金漢 : うん。(그럭저럭 → 　　　　　　　) ね。でも、掃除をしたり、必要なものを (사러

　　　　　가거나 → 　　　　　　　　　)、しなきゃいけないことがけっこうあるんだ。

陽子 : そうか。じゃ、掃除を (한 후에 → 　　　　　　　)、買い物に行く？

　　　　ちかくに「メガドンキ」ができたんだけど、(간 적 있어 → 　　　　　　　　　)？

金漢 : まだだけど。何それ？

陽子 : ドン・キホーテと大型スーパーが (합쳐진 → 　　　　　　　　　) お店だよ。

　　　　食品 (이나 → 　　　　　) 日用品 (이나 → 　　　　　) 家電、服まで何でもあるよ。

金漢 : 今の僕には (딱 좋을 지도 → 　　　　　　　　　)。そこに行きたい！

2부 ダブルブランド

더블 브랜드

포인트 일본의 더블 브랜드를 통해 새로운 기업 문화를 이해할 수 있습니다.

KEY WORD

일본의 브랜드 : 日本のブランド
더블 브랜드 돈키호테&유니 : ダブルブランド「ドンキ×ユニー」

일본 문화 속의 일본어

❀ 더블 브랜드란 무엇인가요?

더블 브랜드(ダブルブランド)는 다른 두 개의 브랜드(ブランド)와 기업이 각자의 이름을 나란히 표시하고 제품을 팔거나 사업을 전개하는 것을 가리킨다. 햄버거 체인(ハンバーガーチェーン)인 퍼스트키친(ファストキッチン)과 웬디즈(ウェンディーズ) 등이 이에 해당한다. 즉, 제휴, 합병, 공동 개발 등으로 하나의 상품에 복수의 브랜드가 붙여진 것을 뜻한다.

더블 브랜드에는 다음과 같이 다양한 패턴이 있다.
1. 수입 상품에 수입한 기업의 브랜드를 병기하는 경우
2. 제휴와 공동 개발로 두 브랜드를 병기하는 경우
3. 개발을 의뢰받은 하청(下請したうけ)기업의 브랜드가 병기되는 경우
4. 도산한 기업의 영업권을 매수해서 그 브랜드와 자사 브랜드를 병기하는 경우

　후지필름(富士ふじフイルム)은 미국의 에너자이저(エナジャイザー)와 제휴하여 건전지를 판매하고 있다. 제품에는 후지필름과 에너자이저, 또는 후지필름과 에버레디(エバレディ)의 더블 브랜드가 표시되어 있다.

✿ 일본의 돈키호테는 어떤 기업인가요?

　　주식회사 돈키호테(ドン・キホーテ)는 일본의 간토 지방(関東地方かんとうちほう)을 중심으로 종합 할인 매장(総合そうごうディスカウントストア)을 운영하는 기업이다. 본사는 도쿄도 메구로구 아오바다이(東京都目黒区青葉台)에 위치한다. 2013년 12월에 상호를 주식회사 돈키호테홀딩스로 변경하고 지주 회사 체제로 전환했다.

✿ 일본의 유니는 어떤 기업인가요?

　　주식회사 유니(ユニー)는 일본 국내외에 수많은 그룹 기업을 형성하는 유니패밀리마트홀딩스에서 종합 슈퍼(総合そうごうスーパー(GMS)) 점포를 운영하는 대형 유통 기업이다. 종합 슈퍼 대형점 '아피타(アピタ)', 중형·소형점 '피아고(ピアゴ)' 등의 종합 GMS 점포 이외에 몰형 쇼핑센터(モール型ショッピングセンター), 워크(워크몰), 미니몰형 점포 '라스파(ラスパ)' 등의 쇼핑센터를 운영하며 타깃 고객층에 맞추어 점포 브랜드를 런칭했다. 점포 수는 2017년 기준으로 198개이다.

　　종합 슈퍼로서는 이온(イオン), 이토요카도(イトーヨーカ堂)에 이어서 전국 제 3위의 매출액(売上高うりあげだか)을 기록했다. 현재는 소매업(小売業こうりぎょう)의 주요 출점 형태인 도미넌트(ドミナント, 특정 지역 집중 출점) 방식을 일찌감치 실행한 기업으로, 개업 이래 80% 이상의 점포가 도카이(東海とうかい) 지역의 3개 현(県)과 시즈오카현(静岡県しずおかけん) 등의 중부 지방에 집중되어 있으며 중부 지방 이외에는 유니의 간토 지사가 있는 가나가와현(神奈川県)에 비교적 많다.

이미지로 보는 일본 문화

더블 브랜드(ダブルブランド)

1) **돈키호테&유니** 2018년 돈키호테(ドン・キホーテ)와 유니(ユニー)의 더블 브랜드 「MEGAドン・キホーテUNY」가 탄생했다. 매장 안으로 들어가면 돈키호테의 방식 그대로 진열되어 있다. 천정에 매달린 POP 광고와 어지럽게 쌓인 과자는 돈키호테 스타일이다. 두 브랜드의 공동 운영으로 의료품에서 가전제품까지 약 7만 점이라는 다양한 제품을 갖추게 되었다.

　　두 브랜드가 제휴하게 된 배경은 '종합 슈퍼(GMS, 総合そうごうスーパー)' 시장이다. 유니는 종합 슈퍼 사업의 고전 끝에 개혁을 단행했다. 큰 시장이 될 것으로 전망한 돈키호테홀딩스의 공동 운영 제안을 받아들인 것이다. 돈키호테홀딩스는 새로운 종합 슈퍼를 만들기 위해 개혁을 주도했다. 유니 주식의 40%를 취득하고 집행 이사도 유니에 파견했다.

　　그러나 더블 브랜드 점포에는 유니 측의 노하우에 대한 고집(こだわり)도 반영되었다. 즉 돈키호테 방식으로 완전히 전환하는 것이 아니라 유니의 장점도 살리고 있다.

　　사람들에게 돈키호테의 이미지에 대해 물으면 '가게 안이 역시 보기 힘들다. 상품이 뒤죽박죽 어수선해서 돈키호테를 별로 좋아하지 않는다(店内てんないがやっぱり見みにくい。ゴチャゴチャしているのでドンキはあまり好すきではない).'고 말하는 사람들도 있다. 돈키호테는 그동안 그 어디에도 없는 개성(個性こせい)으로 고객을 유입해 왔는데, 이번 더블 브랜드 전개로 유니의 고객까지 유치할 수 있는 가능성이 열리게 되었다.

2) 로손&스리에프

　　더블 브랜드의 효과를 제대로 본 또 다른 기업
으로는 로손(ローソン)과 손잡은 스리에프(スリ
ーエフ)가 있다. 경영이 힘든 스리에프는 로손과
자본 업무 제휴를 맺었다. 그 후 기존의 스리에프
를 로손·스리에프(ローソン·スリーエフ)로 개
장(改装かいそう)했다.

　　더블 브랜드 점포는 매출(売上うりあげ)이 늘어
났다. 매출은 전체적으로 10% 가량 상승했다. 로
손의 상품과 스리에프가 독자적으로 개발한 상품
을 함께 진열하는 형태로 매장을 탈바꿈시켰다.

로손·스리에프 매장

　　매장에는 로손의 프라이빗 브랜드(プライベートブランド)와 가라아게쿤(からあげくん) 등 대부분
로손의 상품이 진열되어 있다. 가라아게쿤의 옆에는 스리에프의 꼬치구이(焼き鳥やきとり)를 판매한다.
스리에프에서 인기 있는 스위츠(スウィーツ) 모찌포뇨(もちぽにょ)도 판매한다. 스리에프에 친숙한 고
객이 들어와 로손 상품까지 함께 구입할 수 있다. 두 기업에 모두 유리한 원원(win-win) 효과, 즉 상승 효
과(相乗効果そうじょうこうか)가 나타난 사례라고 볼 수 있다.

로손 PB 상품 가라아게쿤

스리에프의 인기 간식 '모찌포뇨'

3) 「北の大豆、きぬ練りおあげ」 더블 브랜드는 식품 업계에서도 나타나고 있다. 아오모리현(青森県あおもりけん)에 본사가 있는 다이시식품공업(太子食品工業たいししょくひんこうぎょう)의 '기타노다이즈(北きたの大豆だいず) 네리아게(練ねりあげ)'도 더블 브랜드이다. 다이시식품의 로고(ロゴ) 옆에 사토노유키(さとの雪ゆき)식품의 로고도 함께 표시되어 있다.

사토노유키식품은 도쿠시마현(徳島県とくしまけん)에 본사를 둔 두부 제조사(豆腐とうふメーカー)이다. 사토노유키식품은 더블 브랜드 식품인 유부(あぶらあげ)를 중부(中部ちゅうぶ)와 도카이지역(東海地域とうかいちいき)에서, 다이시식품은 도호쿠(東北とうほく) 지역에서 판매하고 있다.

더블 브랜드를 전개하는 이유 중 하나는 생산 시설 제휴에도 있다. 새로운 생산 라인을 구축하고 생산 능력을 끌어올리기까지는 시간이 걸리는 데다가 기계의 감가상각비 문제도 있기 때문에, 서로의 생산 라인을 협력해 제품을 보완하고 생산·판매하는 것이다. 사토노유키는 다이시식품의 도움을 받아 유부(あぶらあげ) 제품을 생산하고, 타이시식품은 사토노유키에서 생산한 4개들이(四個入よんこいり) 팩(パック)의 두부를 생산하여 두 브랜드를 붙여 판매하는 방식이다.

더블 브랜드 방식은 기업이 독자적으로 새로운 브랜드를 창출하는 것보다 훨씬 속도감 있게 전개할 수 있다는 장점이 있다. 그러나 서로 다른 두 기업이 제휴하는 것은 쉬운 일이 아니다. 그럼에도 불구하고 더블 브랜드의 길을 선택하는(選ぶ) 이유는 치열한 경쟁 속에서 살아남기 위해서이다.

생각해 보기

● POP 광고가 무엇인지 알아 보세요.

> POP 광고는 「Point of purchase advertising」의 머리글자를 딴 약어로 주로 상점 등에 사용되는 판매 촉진을 위한 광고를 말한다. POP는 주로 종이 등에 상품명이나 가격, 광고 문구(캐치코피)와 설명문, 일러스트(イラスト)를 손으로 그려 매장에 설치한다. 많은 광고 매체 가운데에서도 가장 단순한 도구(ツール)이면서 시기적절하게 활용하면 최소의 비용으로 최대의 효과를 얻을 수 있다. 개성 있는 POP로 가게의 분위기도 살리고, 상품의 매출을 올릴 수도 있다.
>
>

학습평가

01 다음 단어의 읽는 법을 써 보세요.

① 総合 _____   ② 富士 _____

③ 下請 _____   ④ 小売業 _____

⑤ 食品 _____   ⑥ 豆腐 _____

⑦ 個性 _____   ⑧ 改装 _____

⑨ 売上 _____   ⑩ 焼き鳥 _____

⑪ 大豆 _____   ⑫ 選ぶ _____

02 일본의 더블 브랜드에 대한 설명 중 틀린 것을 고르세요.

① '메가 돈키호테 유니'는 유니의 매장 진열 방식을 따르고 있다.

② 로손과 스리에프의 제휴로 매출이 전체적으로 10% 가량 상승했다.

③ 더블 브랜드는 서로의 상품을 보완하여 매출을 올리려는 데 목적이 있다.

④ 더블 브랜드 방식은 기업이 독자적으로 새로운 브랜드를 창출하는 것보다 훨씬 속도감 있게 전개할 수 있다.

Unit 04

1부 新^{あたら}しくしようと思^{おも}う

새로 하려고 하다

2부 通信技術
つうしん ぎじゅつ

통신 기술

주요 학습 내용

1. 회화: 新^{あたら}しくしようと思^{おも}う
2. 주요 표현
3. 심화학습: 동사의 의지형 활용
4. 학습평가

1. 일본의 미래 통신 기술
2. 제 5세대 이동 통신 시스템(5G)
3. 생각해 보기
4. 학습평가

학습 목표

- 스마트폰을 구입하기 위해 매장에 가서 나누는 회화를 구사할 수 있다.
- 동사의 의지형 활용을 이용한 표현을 구사할 수 있다.
- 일본의 통신 회사와 통신 기술의 변화를 통해 새로운 과학 기술을 이해할 수 있다.

1부 新しくしようと思う

あたら おも

새로 하려고 하다

 포인트 스마트폰 매장에서 점원과 나누는 대화를 학습합니다.

회화 🎧 Track 10

お店の人
（みせ ひと） いらっしゃいませ。

金漢
（キムハン） えっと、スマホを新しくしようと思っているんですが。

お店の人
（みせ ひと） スマートフォンの買い替えですね。では、こちらへどうぞ。

（売り場の中へ移動する）

このモデルはいかがですか。ソフトバンクの最新モデルなんですが。

金漢
（キムハン） いいですね。このモデルは、5Gにも対応できるんですか。

お店の人
（みせ ひと） 5Gへの対応はまだですが、さまざまなIoTに連動できますし、

データも使い放題なので便利だと思います。

金漢
（キムハン） IoTの家電を使おうと思っていたので、ちょうどいいですね。

じゃ、これでお願いします。

 🎧 Track 11

- □ いらっしゃいませ 어서 오세요
- □ スマホ 스마트폰의 줄임말
- □ スマートフォン 스마트폰
- □ 新あたらしい 새롭다
- □ 買かい替かえ 새로 사서 바꿈
- □ 売うり場ば 매장

- □ 移動いどうする 이동하다
- □ モデル 모델
- □ ソフトバンク 소프트뱅크
- □ 最新さいしん 최신
- □ 対応たいおう 대응
- □ 様々さまざまだ 다양하다

- □ 連動れんどうする 연동되다
- □ データ 데이터
- □ 使つかい放題ほうだい 무제한 사용
- □ 便利べんりだ 편리하다
- □ 使つかう 사용하다

주요 표현

1 **スマホを新しくしようと思っているんですが** ス마트폰을 새로 하려고 하는데요

- ~しよう : 동사의 의지형

기본형 う단을 お단으로 바꾸고 う를 붙임

| 1그룹 동사 | 会う → あお + う → 会おう
飲む → のも + う → 飲もう
行く → いこ + う → 行こう |

동사의 어미 る를 떼고 よう를 붙인다.

| 2그룹 동사 | 食べる → 食べよう　　起きる → 起きよう |

| 3그룹 동사 | する → しよう　　くる → こよう |

（예） 一生懸命勉強しよう。 열심히 공부하자.

- ~と思っているんですが : ~라고 생각하는데요
  앞에 동사 의지형이 오면 '~하려고 하는데요'로 해석한다.

  （예） この荷物を送ろうと思っているんですが。 이 짐을 부치려고 하는데요.

2 **スマートフォンの買い替えですね** 스마트폰을 새로 바꾸려고 하시는군요

- 買い替え : 사용하던 물건을 새로 사서 바꿈. 교체
  買う 사다 + 替え 바꿈('替える 바꾸다'의 명사형)
  （예） 車の買い替えはいつがお得？ 차를 바꾸는 것은 언제가 이득이야(유리해)?

3 **では、こちらへどうぞ** 그럼, 이쪽으로 오세요

- どうぞ : 정중하게 부탁하거나 상대방에게 권할 때 사용
  （예） どうぞお入りください。 들어오세요.
  　　どうぞお先に。 먼저 ~하세요(가세요/들어가세요 등)

④ 連動できますし、データも使い放題なので 연동 가능하고 데이터도 무제한이기 때문에

- 종지형 ＋ 접속 조사 し : '~고(열거)', '~으니(이유)'

  (예) 雨も降るし、風も吹くし、ひどい天気だ。 비도 내리고 바람도 불고 가혹한 날씨다.

  もう遅いし、疲れたからまっすぐうちに帰ろう。 이미 늦었고 피곤하니까 곧장 집으로 가자.

- 放題 : 하고 싶은 대로 하는 것, 제한 없이 자유롭게 할 수 있는 것을 나타내는 표현

  データ使い放題 : 데이터 무제한 이용

  (예) 食べ放題 제한 시간 안에 마음대로 먹기　　　飲み放題 제한 시간 안에 마음껏 마시기

  言いたい放題 하고싶은 말 (자기 멋대로) 다 하기

심화학습

(1) 주요 동사의 의지형 활용

기본형	의지형
会う 만나다	会おう 만나자
言う 말하다	言おう 말하자
買う 사다	買おう 사자
行く 가다	行こう 가자
書く 쓰다	書こう 쓰자
話す 이야기하다	話そう 이야기하자
待つ 기다리다	待とう 기다리자
死ぬ 죽다	死のう 죽자
遊ぶ 놀다	遊ぼう 놀자
飲む 마시다	飲もう 마시자
読む 읽다	読もう 읽자
わかる 알다	わかろう 알자
乗る 타다	乗ろう 타자
帰る 돌아가다/돌아오다	帰ろう 돌아가자/돌아오자
入る 들어가다/들어오다	入ろう 들어가자
切る 자르다	切ろう 자르자
歩く 걷다	歩こう 걷자
呼ぶ 부르다	呼ぼう 부르자

기본형	의지형
持つ 가지다/들다	持とう 가지자/들자
作る 만들다	作ろう 만들자
見る 보다	見よう 보자
食べる 먹다	食べよう 먹자
寝る 자다	寝よう 자자
教える 가르치다	教えよう 가르치자
起きる 일어나다	起きよう 일이니지
着る 입다	着よう 입자
来る 오다	こよう 오자
する 하다	しよう 하자

(2) 의지형 기본 표현

① 청유

> 예 明日のお昼、一緒に食べよう。 내일 점심 같이 먹자.
>
> 新しくできたラーメン屋に行ってみようか。 새로 생긴 라멘집에 가 볼까?

참고

정중체

明日のお昼、一緒に食べましょう。 내일 점심 같이 먹읍시다.
新しくできたラーメン屋に行ってみましょうか。 새로 생긴 라멘집에 가 볼까요?

② 의지

> 예 今日から毎日運動をしよう。 오늘부터 매일 운동을 해야지.

(3) 의지형 활용의 주요 문형

① 〜(よ)うと思う : ~하려고 생각하다 / ~하려고 하다

　㉘　IoT家電を買おうと思っているんですが。 IoT 가전제품을 사려고 생각하고 있는데요.

　　　夏休みに北海道に行ってこようと思います。 여름방학에 홋카이도에 갔다 오려고 합니다.

　　　英語の授業を受けようと思っていた。 영어 수업을 들으려고 생각하고 있었다.

② 〜(よ)うとする : ~하려고 하다

　㉘　日が暮れようとしています。 해가 지려고 합니다.

　　　寝ようとした時、電話がかかってきた。 자려고 했을 때 전화가 걸려 왔다.

　* 〜(よ)うと思う、〜(よ)うとする

　　모두 '~하려고 하다'로 해석 가능하다.

　　단, 〜(よ)うとする는 어떤 행위나 동작이 이루어지기 직전, 혹은 어떤 일을 하려고 방금 시도
　　했다는 의미로 사용된다.

③ 동사의 기본형 / ない형 + つもりだ　~할 생각이다, ~할 작정이다 / ~하지 않을 작정이다

　㉘　明日会社を休むつもりです。 내일 회사를 쉴 생각입니다.

　　　もうお酒は飲まないつもりです。 이제 술은 마시지 않을 작정입니다.

학습평가

01 다음 단어의 읽기와 한국어 의미를 써 보세요.

(1) 買い替え _____ (2) 最新 _____

(3) 対応 _____ (4) 連動 _____

(5) 使い放題 _____

02 다음 ( ) 안의 동사를 알맞은 형태로 고쳐 보세요.

(1) この荷物を (送る → _____) と思っているんですが。

　이 짐을 부치려고 합니다만.

(2) 雨も (降る → _____) し、風も (吹く → _____) し、ひどい天気だ。

　비도 내리고 바람도 불고 가혹한 날씨다.

(3) 夏休みに北海道に (行ってくる → _____) と思います。

　여름방학에 홋카이도에 갔다 오려고 합니다.

(4) (寝る → _____) とした時、電話がかかってきた。

　자려고 할 때 전화가 걸려왔다.

(5) 明日会社を (休む → _____) つもりです。

　내일 회사를 쉴 생각입니다.

03 음성을 듣고 다음 ( ) 안에 적당한 표현을 써 넣으세요. 🎧 Track 12

お店の人：いらっしゃいませ。

金漢：　　えっと、スマホを (새로 하려고 → _____) と思っているんですが。

お店の人：このモデルは (어떠세요? → _____)。ソフトバンクの最新モデルなんですが。

金漢：　　いいですね。このモデルは、5Gにも対応 (가능한 건가요 → _____)。

お店の人：5Gへの対応はまだですが、さまざまなIoTに連動 (할 수 있고 → _____)、

　　　　　データも使い放題なので (편리하다고 생각합니다 → _____)。

金漢：　　IoTの家電を (사용하려고 생각하고 있었기 때문에 → _____)、

　　　　　ちょうどいいですね。

2부

通信技術
<ruby>通<rt>つう</rt>信<rt>しん</rt>技<rt>ぎ</rt>術<rt>じゅつ</rt></ruby>

통신 기술

포인트 · 일본의 통신 회사와 통신 기술의 변화를 통해 새로운 과학 기술을 이해할 수 있습니다.

KEY WORD

일본의 통신기술 : 日本の通信技術
제 5세대 이동 통신 시스템(5G) : 第5世代移動通信システム

일본 문화 속의 일본어

✿ 제 4세대 이동 통신 시스템(4G)이란 무엇인가요?

　제 4세대 이동 통신 시스템(第4世代移動通信だいよんせだいいどうつうしんシステム)이란 국제전기통신연합(国際電気通信連合こくさいでんきつうしんれんごう, ITU)이 정하는 규격에 준거한 무선 통신 시스템을 가리킨다. 4G는 2G와 3G 계열의 뒤를 잇는 4번째 무선 이동 통신 표준을 의미한다. 4G 시스템은 초광대역(超広大域ちょうこうだいいき)의 인터넷 접속, IP전화, 게임 서비스 및 스트리밍 멀티미디어를 이용자에게 제공하는 기능을 가진 포괄적이고 안정된 솔루션이다. 사실 4G의 엄밀한 기술적 구분은 불가능한 상황이며 이후 마케팅 용어로서 각국의 통신사에서는 개별적으로 LTE(Long Term Evolution) 등도 4G로 부르고 있다.

✿ 제 5세대 이동 통신 시스템(5G)이란 무엇인가요?

　제 5세대 이동 통신 시스템(第5世代移動通信だいごせだいいどうつうしんシステム)이란 현재 규격화가 진행 중인 차세대 무선 통신 시스템이다. 5G에서는 급증하고 있는 통신 트래픽(トラフィック) 대응이 과제이며 무선 주파수대의 확보가 중요시된다. 통신 트래픽은 과거 5년간 10배가 되었고 2020년에는 현재의 1,000배가 될 것으로 예상된다. 단말기 대수는 웨어러블(ウェアラブル)이나 IoT(사물 인

터넷)의 보급으로 앞으로 데이터 통신량의 급증이 예상된다. 또한, 통신 속도의 고속화는 고소비 전력을 야기할 수 있기 때문에 모바일 환경에서의 전지(電池てんち) 용량의 확보도 기술적인 과제이다.

✿ NTT 도코모는 어떤 통신 회사인가요?

주식회사 NTT 도코모(NTT DOCOMO, エヌティティドコモ)는 휴대 전화 등의 무선 통신 서비스를 제공하는 일본 최대의 이동 통신 업체이다. 1968년 일본전신전화공사가 이동 통신 서비스(移動体通信サービス) 포켓벨(ポケットベル)을 시작한 것이 NTT 도코모의 기원이다.

NTT 도코모는 2016년에 20Gbps가 넘는 통신에 성공했다. 2017년부터 도쿄 임해부도심지구(東京臨海副都心地区とうきょうりんかいふくとしんちく) 및 도쿄 스카이트리타운(東京スカイツリータウン) 주변 등에 '5Gトライアルサイト'를 구축에 들어갔다.

✿ 사물 인터넷이란 무엇인가요?

사물 인터넷(物モノのインターネット)이란, 다양한 사물(物モノ)에 센서와 프로세서를 장착하여 정보를 수집하고 제어·관리할 수 있도록 인터넷으로 연결되어(繋つながる) 있는 시스템을 말한다. 현재의 시장 가치는 800억 달러로 예상되고 있다.

✿ 소프트뱅크는 어떤 통신 회사인가요?

소프트뱅크 주식회사(SoftBank, ソフトバンク)는 소프트뱅크 그룹 산하의 주식회사로 일본에서 휴대 전화(携帯電話けいたいでんわ) 등의 무선 통신 서비스(이동체 통신 사업자) 및 장거리, 국제 통신을 제공하는 일본의 대형 전기 통신 사업자이다. 2015년에 소프트뱅크 모바일 주식회사에서 회사명을 변경하면서 상호를 계승하여 소프트뱅크 주식회사가 되었다. 회사명 변경에 대해서는 '휴대 전화 사업 등의 이동체 통신 사업뿐만 아니라 고정 통신 사업, 인터넷 접속 서비스 'Y!mobile' 등 사업 영역이 확대된 데에 따른 것이라 한다.

이미지로 보는 일본 문화

제 5세대 이동 통신 시스템(5G)

○ 스마트폰 또는 인터넷 관련 글을 읽을 때 우리는 흔히 3G, 4G, 5G라는 용어를 접하게 된다. 여기에서 G는 Generation의 약자로, 5G 이동 통신이라고 하면 제 5세대 이동 통신 시스템을 가리킨다.

1) **1G~4G** 제 1세대는 1980년대로 거슬러 올라간다. 당시의 휴대폰은 어깨걸이식(肩掛け式かたかけしき) 휴대전화(携帯電話けいたいでんわ), 일명 도시락통(弁当箱べんとうばこ)이라는 별칭이 붙을 정도로 크기가 컸다. 이 휴대전화는 통화 기능 외에는 할 수 있는 것이 없었다.

　1990년대가 되면 제 2세대로 진화한다. 2G 시대가 되자, 하드웨어의 기술도 함께 발전하여 1990년대 후반에는 손안에 쏙 들어오는 휴대전화가 나오기에 이른다. 또 전송 속도는 물론 전송 가능한 용량도 크게 개선된다. 이때부터 메일(メール) 전송이나 웹(ウェブ) 검색이 가능해졌다.

　그리고 2000년대로 접어들면서 이동 통신 기술은 더욱 발달하여 제 3세대가 되고, 사진(写真しゃしん)을 보내거나 동영상(動画どうが)을 볼 수 있게 된다. 여기에 간단한 게임(ゲーム)까지 할 수 있는 환경이 마련되었다.

　2010년을 지나면서 제 4세대로 접어든다. 스마트폰(スマートフォン)이나 태블릿(タブレット)으로 제 3세대보다 더 쾌적하게 동영상이나 게임 등을 즐길 수 있게 되었다.

2) **5G** 2020년이 되면 제 5세대(5G) 시대이다. 통신 속도는 4G의 100배이며, 5G의 구현으로 4G에서는 구현하기 힘들었던 다양한 서비스가 등장하여 생활을 크게 변화시키게 되는 통신 혁명(通信革命つうしんかくめい)을 이루게 될 것이다.

로봇 팔(ロボットアーム)을 사용한 에어하키(エアホッケー)의 실연(デモ)도 5G의 기술과 관련이 있다. 카메라로 공의 궤도를 읽어 들여 그 정보를 5G를 통해 로봇팔에 송신한다. 로봇팔은 정보를 근거로 공을 받아친다. 가장 큰 특징은 반응(レスポンス) 속도이다. 4G의 통신 속도라면 공이 골대에 들어갔을 때 비로소 로봇팔이 움직이기 시작하지만, 5G는 재빠르게 반응한다.

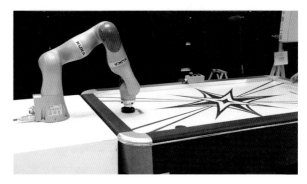

출처 ④ | 에어하키 게임 대전

5G는 앞으로 새로운 분야에서 활용(活用かつよう)이 기대된다. 자동 운전(自動運転じどううんてん)이나 의료의 원격 수술(遠隔手術えんかくしゅじゅつ) 등 여러 분야에 걸쳐 응용될 수 있다.

5G는 1㎢당 100만 대의 단말기와 동시에 접속할 수 있다. 따라서 IoT에서 5G 통신은 빼놓을 수 없는(欠かかせない) 기술이다. 예를 들면 TV나 냉장고, 각종 가전 등 다양한 제품에 인터넷과 연결되어 여러 사업자와 유스케이스(ユースケース)를 형성하며 만들어 갈 수 있다.

5G가 등장하면 우리를 둘러싼 세계는 크게 변화할 가능성이 있다. 현재의 네트워크 기술은 어디까지나 인간이 중심이며, 스마트폰이나 컴퓨터의 버튼을 눌러 정보에 접근하거나 정보를 발신한다. 그러나 5G가 되면 소위 초동시접속(超同時接続ちょうどうじせつぞく)이라고 하여, 우리들을 둘러싼 대량의 사물이 인터넷으로 연결되고, 그 사이에 인공 지능(人工知能じんこうちのう)이 개입하는 시대가 된다.

예를 들면 냉장고에 남은 것을 센서로 감지하고, 그 정보를 5G를 매개로 인공 지능이 최적의 메뉴(献立こんだて)를 생각해 식품 제조사에 그 정보를 보내면 메뉴대로 만들어진 요리가 집까지 배달되는 것이다. 즉 우리가 판단하거나 지시하지 않아도 기기가 알아서 해 주게 된다. 앞으로는 우리가 기기로부터 정보를 받아보게 되는 시대가 될지도 모른다.

3) **5G에서의 스마트폰 변화**   더욱이 5G시대에는 가상현실(버ーチャルリアリティ)이나 촉각 인터넷 시
대(촉각 반응 속도만큼 매우 빠르게 전송하는 인터넷 서비스)로 접어드는 만큼 지금의 스마트폰의 형태
를 갖출 이유조차 없을지도 모른다. 그것이 안경(眼鏡めがね) 형태일지 손목시계(腕時計うでどけい)일지
알 수 없지만, 5G시대에는 전혀 다른 형태가 될지 모른다. 그러면 스마트폰 업계에도 키다란 변화가 올
수 있다.

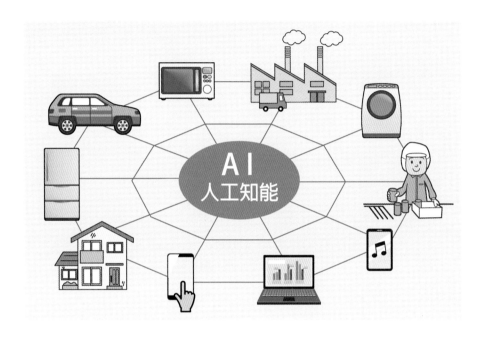

생각해 보기

● 유스케이스란 무엇인지 알아 보세요.

유스케이스(Use Case, ユースケース)는 소프트웨어공학과 시스템공학에서 시스템(혹은 시스템의 시스템)의 기능적 요구를 포함한 행위를 파악하기 위한 기법이다. 각 유스케이스는 어떤 목적, 목표, 기능에 관한 대본(シナリオ)으로 주체(actor, アクター)라고 부르는 이용자(利用者りょうしゃ, ユーザ)와 시스템이 주고받는다(やりとりをする). 유스케이스에서는 기술 전문 용어를 가능한 한 사용하지 않고 엔드유저(최종 소비자, エンドユーザー)나 그 비즈니스(ビジネス) 전문가가 알기 쉬운 용어를 사용한다.

학습평가

01 다음 단어의 읽는 법을 써 보세요.

① 同時接続 _____ ② 繋がる _____

③ 献立 _____ ④ 遠隔手術 _____

⑤ 自動運転 _____ ⑥ 通信革命 _____

⑦ 動画 _____ ⑧ 携帯電話 _____

⑨ 弁当箱 _____ ⑩ 物 _____

⑪ 人工知能 _____ ⑫ 臨海副都心 _____

02 다음 이동 통신 시스템에 대한 설명 중 틀린 것을 고르세요.

① 제 2세대가 되면서 통신 용량이 늘고 통신 속도가 빨라져 메일 전송이나 웹 검색이 가능해졌다.

② 2020년에 제 6세대 통신이 등장할 예정이다.

③ 에어하키 실연에서 4G의 통신 속도라면 공이 골대에 들어갔을 때 겨우 로봇팔이 움직이기 시작하지만, 5G는 재빠르게 반응한다.

④ 5G가 도래하면 스마트폰이 사라지거나 사라지지 않더라도 변화할 가능성이 크다.

Unit 05

1부 ご飯がたきあがった
はん
밥이 다 됐다

2부 家電
か でん
가전제품

주요 학습 내용

1부

1. 회화: ご飯がたきあがった
   はん
2. 주요 표현
3. 심화학습: 자동사, 타동사
4. 학습평가

2부

1. 일본의 가전제품
2. 발뮤다 더 고항
3. 생각해 보기
4. 학습평가

학습 목표

- 집에서 음식을 대접하며 나누는 대화를 이해할 수 있다.
- 자동사와 타동사의 형태와 용법을 파악할 수 있다.
- 일본의 가전제품을 통해 기업과 과학 기술의 새로운 변화를 이해할 수 있다.

1부

ご飯がたきあがった
밥이 다 됐다

(포인트) 이사 후 지인을 집으로 초대해서 음식을 대접하는 장면에서 나누는 대화를 학습합니다.

회화 🎧 Track 13

智美 すごいご馳走が並んでいるね。全部自分で作ったの？

金漢 うん。陽子も一緒に作ったんだ。

さあ、ビールも冷やしてあるからどんどん飲んでね。

陽子 ちょっと待って！　ご飯がたきあがった。とってくるね。

智美 私も一緒に行く！

（キッチンに移動）

これ、今話題のバルミューダの炊飯器じゃない？

陽子 そう。トースターもそろえたよ！

智美 パンがおいしく焼けると評判だよね。私もほしいな。

 🎧 Track 14

- □ ご馳走 ちそう 손님을 대접함, 맛있는 요리
- □ 並 ならぶ 늘어서다
- □ ビール 맥주
- □ 冷 ひやす 식히다, 차갑게 하다
- □ どんどん 자꾸, 계속
- □ ちょっと 조금, 잠시

- □ 待 まつ 기다리다
- □ 炊 たきあがる (밥 따위가) 다 끓다
- □ とる 잡다, 취하다
- □ キッチン 키친, 부엌
- □ 話題 わだい 화제
- □ バルミューダ 발뮤다
- □ 炊飯器 すいはんき 전기밥솥

- □ トースター 토스터
- □ そろえる 가지런히 정돈하다, 갖추다
- □ パン 빵
- □ 焼 やける 구워지다, 타다
- □ 評判 ひょうばん 평판, 인기 있음
- □ ほしい ~하고 싶다, 갖고 싶다

주요 표현

1 **すごいご馳走が並んでいるね** 엄청난 요리들이 즐비하네(진수성찬이네)

- 並んでいる : 並ぶ + ている : 줄지어 있다, 늘어서 있다

  並ぶ(자동사) : 한 줄로 서다, 늘어서다　예 お店の前に人が並ぶ。 가게 앞에 사람이 늘어서다.

  並べる(타동사) : 늘어놓다　예 テーブルにお皿を並べる。 테이블에 접시를 늘어놓다.

2 **全部自分で作ったの？** 전부 직접 만든 거야?

- 自分で : 스스로, 직접

  조사 で는 행위의 주체를 나타내기도 한다.

  예 自分で自分をほめたい。 스스로 자신을 칭찬하고 싶다.
  　一人で勉強をします。 혼자서 공부합니다.
  　家族みんなで遊びにいきます。 가족 모두(함께) 놀러 갑니다.

3 **さあ、ビールも冷やしてあるからどんどん飲んでね**
자, 맥주도 시원하게 해 두었으니 많이 마셔

- 冷やしてある : 冷やす + てある : 시원하게 해 두다(시원하게 해 둔 상태이다)

  冷える(자동사) : 식다, 차가워지다　예 ご飯が冷える。 밥이 식다/차가워지다.

  冷やす(타동사) : 식히다, 차게 하다　예 ご飯を冷やす。 밥을 식히다.

- 타동사 + てある : ~해 있다, ~한 상태이다

  예 窓は閉めてあります。 창문은 닫혀 있습니다.

  누군가 의도를 가지고 창을 닫아 닫힌 상태가 지속되고 있음을 나타낸다

- 飲んでね : 마셔

  동사의 て형은 친한 사이에서 가벼운 명령으로 사용된다.

  예 明日、早く来てね。 내일 일찍 와.

4 ちょっと待って！ご飯がたきあがった。とってくるね

잠깐 기다려! 밥이 다 됐어. 가져올게

- ご飯ができあがる : 밥이 다 되다

  炊く(밥 등이 끓다)의 ます형 ＋ あがる (동작의 완성)

- とってくる : 가지고 오다, 집어 오다, 얻어 오다

  取る (잡다, 취하다) ＋ てくる (~(어/해) 오다)

  예 車をとってくるから、ちょっと待ってね。차를 가져 올 테니까 잠깐 기다려.

5 パンがおいしく焼けると評判だよね。私もほしいな

빵이 맛있게 구워진다고 평이 좋지. 나도 갖고 싶다

- おいしく焼ける : 맛있게 구워지다

  焼ける(자동사) : 타다, 구워지다　　예 魚が焼ける　생선이 구워지다

  焼く(타동사) : 태우다, 굽다　　예 魚を焼く　생선을 굽다

- ほしい : 갖고 싶다, 바라다

  명사 ＋ ～がほしい : ~가 갖고 싶다　　예 新しい服がほしい。새 옷이 갖고 싶다.

  동사의 て형 ＋ ほしい : ~해 주기 바라다　　예 新しい服を買ってほしい。새 옷을 사 줬으면 좋겠다.

심화학습

(1) 자동사, 타동사

자동사: 동사가 나타내는 동작이나 작용이 주어에만 미치는 동사

예 毎朝 7 時に起きる。 매일 아침 7시에 일어난다.

風が吹く。 바람이 분다.

타동사: 동작의 대상인 목적어를 필요로 하는 동사로, 목적격 조사 「を」를 동반한다.

예 毎朝 7 時に弟を起こす。 매일 아침 7시에 남동생을 깨운다.

息子が家を建てる。 아들이 집을 짓는다.

> **참고**
>
> 이동 동사는 동작의 통과점이나 출발점을 조사 「を」로 나타내지만, 타동사로 취급하지 않는다.
>
> 家を出る。 집을 나오다.　右側を歩く。 오른쪽을 걷다.

짝을 이루는 자동사-타동사

자동사(-aru)		타동사(-eru)	
あがる	올라가다	あげる	올리다
さがる	내려가다	さげる	내리다
はじまる	시작되다	はじめる	시작하다
決まる	결정되다	決める	결정하다
止まる	멈추다	止める	세우다
変わる	바뀌다	変える	바꾸다
見つかる	발견되다	見つける	발견하다

자동사(-eru)		타동사(-ru)	
切れる	끊어지다	切る	자르다
割れる	깨지다	割る	깨다

| 取れる 잡히다 | 取る 잡다 |
| 見える 보이다 | 見る 보다 |

자동사(-ru)	타동사(-su)
落ちる 떨어지다	落とす 떨어뜨리다
起きる 일어나다	起こす 일으키다
出る 나가다, 나오다	出す 내다
増える 늘어나다	増やす 늘리다
冷える 식다	冷やす 식히다
壊れる 부서지다	壊す 부수다
なおる 고쳐지다	なおす 고치다
倒れる 쓰러지다	倒す 쓰러뜨리다
渡る 건너다	渡す 건네주다

자동사(-u)	타동사(-eru)
開く 열리다	開ける 열다
たつ 서다	たてる 세우다
育つ 자라다	育てる 키우다
続く 계속되다	続ける 계속하다
並ぶ 늘어서다	並べる 나열하다
入る 들어가다	入れる 넣다
* ぬく (빼다) 타동사	* ぬける (빠지다) 자동사

예 虫が家の中に入る。 벌레가 집 안에 들어가다.

ポケットに手を入れる。 주머니에 손을 넣다.

エレベーターがあがる。 엘리베이터가 올라가다.

手をあげる。 손을 올리다.

(2) ～ている / ～てある

① ～ている는 자동사 타동사에 모두 접속한다.

* 자동사 + ている

  예 コーヒーを飲んでいます。 커피를 마시고 있습니다. (동작의 진행)

  ドアが開いている。 문이 열려 있다. (결과의 상태)

* 타동사 + ている

  예 かばんに名前を書いています。 가방에 이름을 쓰고 있습니다. (동작의 진행)

  野菜を切っています。 채소를 썰고 있습니다. (동작의 진행)

② ～てある는 타동사에만 접속한다.

* 타동사 + てある

  예 かばんに名前が書いてあります。 가방에 이름이 써 있습니다. (결과의 상태)

  野菜が切ってあります。 채소가 썰려 있습니다. (결과의 상태)

> **참고**

결과의 상태를 나타내는 '～ている'와 '～てある'의 차이

風が強かったからかなあ。窓が開いているよ。 바람이 셌기 때문일까. 창문이 열려 있어.

→ 자연히 열렸는지 누군가에 의해 열렸는지 모르지만, 현재의 결과로서 창문이 열려 있음

風を入れるために、窓が開けてあります。 바람을 넣기 위해(환기를 위해) 창문이 열려 있습니다.

→ 누군가가 어떤 목적이나 의도가 있어서 창문을 연 결과로서 창문이 열려 있음

학습평가

01 다음 단어의 읽기와 한국어 의미를 써 보세요.

(1) ご馳走 _____

(2) 話題 _____

(3) 評判 _____

(4) トースター _____

02 다음 괄호 안에 들어갈 동사를 하나 골라 알맞은 형태로 고쳐 보세요.

(1) お店の前に人が (並ぶ / 並べる → _____) います。
　가게 앞에 사람이 늘어서 있습니다.

(2) ポケットに手を (入る / 入れる → _____) 歩いています。
　주머니에 손을 넣고 걷고 있습니다.

(3) お皿の上に野菜が (切れる / 切る → _____) あります。
　접시 위에 채소가 썰려 있습니다.

(4) 風が強かったからかなあ。窓が (開く / 開ける → _____) いるよ。
　바람이 셌기 때문일까. 창문이 열려 있어.

03 음성을 듣고 다음 ( ) 안에 적당한 표현을 써 넣으세요. 🎧 Track 15

智美 : すごいご馳走が並んでいるね。全部 (스스로, 직접 → _____) 作ったの？

金漢 : うん。陽子も一緒に作ったんだ。

　　　さあ、ビールも (차갑게 해 뒀으니까 → _____) どんどん飲んでね。

陽子 : ちょっと待って！ご飯が (다 됐다 → _____)。とってくるね。

智美 : 私も一緒に行く！

　　　これ、今話題の (발뮤다 → _____) の炊飯器じゃない？

陽子 : そう。トースターも (갖췄다 → _____) よ！

智美 : パンがおいしく (구워진다 → _____) と評判だよね。

　　　私もほしいな。

2부

家電
_{か でん}

가전제품

일본의 가전제품을 통해 기업과 과학 기술의 새로운 변화를 이해할 수 있습니다.

KEY WORD

일본의 가전제품 : 日本の家電
발뮤다 더 고향 : バルミューダ・ザ・ゴハン

일본 문화 속의 일본어

❀ 가전제품이란 무엇인가요?

가전제품(家電製品_{かでんせいひん})은 가정용 전기 제품을 뜻한다. TV(テレビ), 에어콘(エアコン), 냉장고(冷蔵庫_{れいぞうこ}), 밥솥(炊飯器_{すいはんき}), 전자레인지(電子_{でんし}レンジ), 세탁기(洗濯機_{せんたくき}), 컴퓨터(パソコン), 전화(電話_{でんわ}), 팩스(ファックス), 카메라(カメラ) 등이 이에 속한다. 일본의 유명 가전제품 제조사로는 '파나소닉(パナソニック)', '샤프(シャープ)' 등이 있다.

❀ AI(인공 지능人口知能_{じんこうちのう})란 무엇인가요?

컴퓨터가 인간의 지능 활동을 모방할 수 있도록 하는 것을 뜻한다. 즉 기억, 지각, 이해, 학습, 연상, 추론 등 인간의 지성을 필요로 하는 행위를 기계를 통해 실현하고자 하는 학문 또는 기술을 총칭한다. 초기의 인공 지능은 게임(ゲーム), 바둑(碁_ご), 장기(将棋_{しょうぎ}) 등의 분야에 사용되는 정도였지만, 실생활에 응용되기 시작하면서 지능형 로봇 등 활용 분야가 확장되고 있다.

❀ 일본의 발뮤다는 어떤 기업인가요?

발뮤다 주식회사(BALMUDA Inc., バルミューダ)는 일본의 가전제품 제조사이다. '최소로 최대를(最小_{さいしょう}で最大_{さいだい}を)'이라는 이념으로 데스크용 스탠드, 선풍기, 가습기, 히터 제품을 만들고 있다. 초창기에는 데스크용 스탠드나 노트북용 냉각대 등 데스크 주변의 제품을 개발·판매했지만 리먼쇼크 이후 방향을 전환했다. 2011년경부터 다양한 디자인 잡지 등에서 소개되기 시작했고, 독창적인 발상이 높이 평가받아 디자인상도 수상했다.

출처 ⑤ | 발뮤다 주식회사

이미지로 보는 일본 문화

업계의 풍운아(風雲児ふううんじ)가 내세우는 새로운 가전제품

1) 발뮤다 더 고항 소비자로부터 큰 인기를 모은 발뮤다의 스팀으로 빵 굽는 토스터(トースター)의 가격은 2만 엔이 넘는 비교적 고급 제품이다. 독창적인 제품으로 존재감을 높인 발뮤다가 토스터에 이어 신제품을 발표했는데, 바로 '발뮤다 더 고항(バルミューダ·ザ·ゴハン)'이라는 이름의 밥솥(炊飯器すいはんき)이다.

 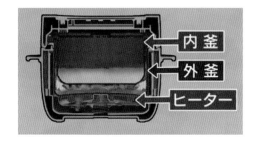

이 밥솥의 최대 특징은 이중 구조(二重構造にじゅうこうぞう)로 되어 있다는 점이다.

신제품 발표회에서 발뮤다 주식회사의 데라오(寺尾てらお) 사장은 다음과 같이 소개했다.

"바깥 솥에 200cc의 물을 넣습니다. 그리고 쌀을 넣고 물을 채운 안쪽 솥을 그 위에 덮어서 이 바깥 솥의 증기와 함께 밥을 짓는 것입니다. (外釜そとがまに200ccの水みずを入いれるんですね。で、米こめを入れて水を張はった内釜うちがまをその上うえに被かぶせまして、この外釜の蒸気じょうきと一緒いっしょに炊たくということなんです。)

바깥 솥에 넣은 물에 열을 가해 만든 증기가 안쪽 솥의 가운데까지 가득 차 솥 전체를 감싸는 형태가 됩니다. 안쪽 솥의 온도는 99도를 넘지 않도록 설정되어 있습니다. 끓지 않게 해서 쌀끼리 충돌하는 것을 막아 탱글탱글한 밥알을 맛볼 수 있습니다."

발뮤다 더 고항으로 지은 밥은 약간 딱딱한 정도(硬かため)로 쌀의 찰기(粘ねばりけ)도 없다. 씹으면 씹을수록 쌀의 감칠맛(うま味み)이 조금씩 배어 나온다. 가격은 41,500엔으로 토스터기와 마찬가지로 결코 싸지 않은 가격(価格かかく)이다.

2) 상품의 가격 상품에서 가장 중요한 것은 가격이 아니다. 소비자가 상품을 선택할 때 가격이 제일 중요하다면 발뮤다의 토스터나 밥솥은 히트 상품이 되지 못했을 것이다. 소비자에게 가장 중요한 요소는 바로 즐거움(楽たのしさ)이다.

3) 발뮤다의 현재와 미래 가전제품에 대한 고정 관념을 깨고 상식을 뒤집는 시도를 멈추지 않는 것이 발뮤다만의 특기이다. 앞으로 AI(인공 지능, 人口知能じんこうちのう), IoT(사물 인터넷, モノのインターネット) 분야와 같은 로봇 공학을 접목시킨 로보틱스 상품(ロボティックス商品しょうひん)의 개발도 시작되었다고 한다.

한 벌만 나오는 젓가락 통(一膳いちぜんだけ出でてくる箸箱はしばこ)

음식점에 가면 테이블 위에 젓가락 통(箸箱はしばこ)이 놓여 있다. 적지 않은 사람들이 젓가락 통의 위생 상태에 신경이 쓰였을 것이다. 그런 걱정을 조금이라도 해소시켜 주는 제품이 등장했다.

'いちぜんくん(一膳君)'이라는 이름의 젓가락 통이다. 통 옆의 서랍을 열면 젓가락이 한 벌만 나온다 (一膳いちぜんだけ出でてくる).

짜임새는 아주 심플하다. 젓가락 통의 내부는 비스듬한 구조로 되어 있어 젓가락이 굴러서 앞 쪽 홈으로 들어간다. 그 홈을 당기면 젓가락이 한 벌만 나온다.

어떻게 이런 제품을 만들게 되었는지 개발자에게 물었더니, 소고기덮밥집(牛丼屋ぎゅうどんや)이나 라멘 집(ラーメン屋や)에서 사람들이 젓가락을 집는 모습을 보고 제품에 대한 아이디어를 얻었다고 한다.

출처 ⑥ | 一膳君

아무래도 여러 사람이 젓가락을 만지다 보니 위생이 걱정되었다고 한다.

이 젓가락 통을 시범적으로 사용해 본 가게에서는 "손님들이 매우 즐거워해요(お客きゃくさんがすごい喜んでやってます)."라며 긍정적인 반응을 보였다.

이 젓가락 통은 다른 용도로도 사용 가능하다. 예를 들어 '당첨 젓가락((当あたりの箸はし)'을 뽑은 손님에게 무료로 음료나 서비스를 제공한다면, 틀림없이 분위기가 고조될(盛もり上あがる) 것이다.

아이디어에 따라 다양하게 사용될 수 있는 제품이다. 편리함은 물론이고 오락성을 가미하여 소비자에게 어필한 제품 사례라 할 수 있다.

생각해 보기

● 일본의 로봇 공학이란 어떤 것인지 알아 보세요.

로보틱스(robotics, ロボット工学こうがく)는 로봇에 관한 기술을 연구하는 학문 분야이다. 로봇의 손발(手足てあし) 등을 구성하기 위한 작동 장치나 기구에 관한 분야, 외부의 정보를 인식ㆍ지각하기 위한 센서나 관측 방법에 관한 분야, 로봇의 운동과 행동 로봇의 제어에 관한 분야, 로봇의 지능 등 인공 지능에 관한 분야 등으로 크게 나뉜다.

SF작가 아이작 아시모프가 최초로 로보틱스(robotics · 로봇 공학)라는 용어를 사용했는데, robot에 물리학(physics) 등에 사용되는 어미 '-ics'를 붙여 만든 조어이다.

학습평가

01 다음 단어의 읽는 법을 써 보세요.

① 炊飯器　＿＿＿＿＿＿＿＿＿　② 家電製品　＿＿＿＿＿＿＿＿＿

③ 最小　＿＿＿＿＿＿＿＿＿　④ 最大　＿＿＿＿＿＿＿＿＿

⑤ 洗濯機　＿＿＿＿＿＿＿＿＿　⑥ 二重構造　＿＿＿＿＿＿＿＿＿

⑦ 内釜　＿＿＿＿＿＿＿＿＿　⑧ 外釜　＿＿＿＿＿＿＿＿＿

⑨ 硬め　＿＿＿＿＿＿＿＿＿　⑩ 米　＿＿＿＿＿＿＿＿＿

⑪ 箸箱　＿＿＿＿＿＿＿＿＿　⑫ 牛丼屋　＿＿＿＿＿＿＿＿＿

02 다음 일본의 가전제품에 대한 설명 중 틀린 것을 고르세요.

① 발무다 밥솥은 쌀을 넣고 물을 채운 안쪽 솥을 그 위에 덮어서 바깥 솥의 증기와 함께 밥을 짓는다.

② 발무다 밥솥은 끓지 않게 해서 쌀의 충돌을 막아 탱글한 알갱이 느낌을 맛볼 수 있도록 되어 있다.

③ 발무다는 로봇 기술이나 AI(인공 지능) 기술, IoT(사물 인터넷)를 접목시킨 제품을 개발할 예정이다.

④ 소비자가 상품을 선택할 때 가장 중요하게 생각하는 것은 가격이다.

Unit 06

1부 ネットで社内教育が
しゃないきょういく

受けられる
う

인터넷으로 사내 교육을 받을 수 있다

2부 ネット授業
じゅぎょう

인터넷 수업

주요 학습 내용

1부

1. 회화: ネットで社内教育が受けられる
   しゃないきょういく

2. 주요 표현

3. 심화학습: 동사의 가능형 활용

4. 학습평가

2부

1. 일본의 인터넷 교육

2. 오키나와 N고등학교

3. 생각해 보기

4. 학습평가

학습 목표

• 사내 인터넷 교육 도입에 관련된 대화를 이해할 수 있다.

• 동사 가능형의 형태와 용법을 파악할 수 있다.

• 일본의 인터넷 교육의 새로운 변화를 이해할 수 있다.

1부 ネットで社内教育^{しゃないきょういく}が受^うけられる

인터넷으로 사내 교육을 받을 수 있다

포인트 사내 교육에 인터넷 수업이 도입되는 것에 대한 대화를 학습합니다.

회화 🎧 Track 16

キムハン
金漢　野村^{のむら}さん、インターネットで授業^{じゅぎょう}を受^うけたことがありますか。

のむら
野村　ええ、ありますよ。僕^{ぼく}、通信制^{つうしんせい}の高校^{こうこう}だったんです。どうしてですか。

キムハン
金漢　来月^{らいげつ}からネットで社内教育^{しゃないきょういく}が受^うけられるようにeラーニングシステムを
　　　導入^{どうにゅう}すると発表^{はっぴょう}があったんです。

のむら
野村　へえ！じゃ、これからはいつでも好^すきなときに勉強^{べんきょう}できるようになり
　　　ますね。

キムハン
金漢　リクルートから出^でているアプリを使^{つか}うことになるんですけど、すべて
　　　日本語^{にほんご}なんです。
　　　授業^{じゅぎょう}についていけるか心配^{しんぱい}です。

のむら
野村　大丈夫^{だいじょうぶ}ですよ。ネット授業^{じゅぎょう}は何度^{なんど}でも繰^くり返^{かえ}して見^みることができますから。

 단어 및 표현 🎧 Track 17

- □ インターネット 인터넷(줄임말 ネット)
- □ 授業 じゅぎょう 수업
- □ 受うける 받다
- □ 通信制 つうしんせい 통신제
- □ 高校 こうこう 고등학교
- □ 社内教育 しゃないきょういく 사내 교육

- □ eラーニングシステム 이러닝 시스템
- □ 導入 どうにゅうする 도입하다
- □ 発表 はっぴょう 발표
- □ リクルート 리쿠르트 (구인 광고, 인재
  소개 등의 업무를 전문으로 하는 기업)
- □ アプリ 앱, 어플리케이션 (アプリケーション의 줄임말)

- □ ついていく 쫓아가다, 따라가다
- □ 心配 しんぱい 걱정, 근심
- □ 何度 なんどでも 몇 번이고
- □ 繰くり返かえす 되풀이하다, 반복하다

80

주요 표현

① 来月からネットで社内教育が受けられるように

다음 달부터 인터넷으로 사내교육을 받을 수 있도록

- 受けられる : 동사 受ける의 가능형

〈 동사의 가능형 〉

	기본형 う단을 え단으로 바꾸고 る를 붙임
1그룹 동사	会う → あえ ＋ る → 会える　飲む → のめ ＋ る → 飲める 行く → いけ ＋ る → 行ける　帰る → かえれ ＋ る → 帰れる
2그룹 동사	동사의 어미 る를 떼고 られる를 붙인다. 食べる → 食べられる　受ける → 受けられる
3그룹 동사	する → できる　くる → こられる

（예）私は辛い料理が食べられません。 나는 매운 음식을 못 먹습니다.
漢字は読めるが、うまく書けない。 한자는 읽을 수 있지만 잘 못 쓴다.

② これからはいつでも好きなときに勉強できるようになりますね

이제부터는 언제든 하고 싶은 때에 공부할 수 있게 되겠네요

- できるようになる : ~동사 する의 가능동사 ＋ ようになる

（예）朝早く起きられるようになりました。 아침 일찍 일어날 수 있게 되었습니다.
日本語が話せるようになりました。 일본어를 말할 수 있게 되었습니다.

> **참고**

상태의 변화를 나타내는 표현

동사의 가능형 ＋ ようになる
（예）納豆が食べられるようになりました。 낫토를 먹을 수 있게 되었습니다.

い형용사 ＋ くなる
（예）最近急に寒くなりましたね。 요즘에 갑자기 추워졌네요.

な형용사 ＋ になる
（예）母は病気がなおり、元気になりました。 어머니는 병이 나아 건강해졌습니다.

❸ **リクルートから出ているアプリを使うことになるんですけど**
리쿠르트에서 나온 앱을 사용하게 되는데요

- 使うことになる : 동사의 기본형 + ことになる

  例 私たち、結婚することになりました。 우리, 결혼하게 되었습니다.

  참고

  ことにする와 ことになる의 차이

  - ことにする : 화자가 결정, 결심함

    例 私は日本の支店に戻ることにしました。 저는 일본 지점에 돌아가기로 했습니다.

  - ことになる : 다른 사람에 의해 결정되거나, 결과적으로 그렇게 됨을 의미

    例 今回、日本の支店に戻ることになりました。 이번에 일본 지점에 돌아가게 되었습니다.

❹ **授業についていけるか心配です** 수업에 따라갈 수 있을지 걱정이에요

- ついていける : ついていく의 가능형
- ～か(どうか) : ~할지 (어떨지)

  例 明日までにレポートができるか (どうか) わかりません。
  내일까지 리포트를 완성할 수 있을지 어떨지 잘 모르겠습니다.

⑤ **ネット授業は何度でも繰り返して見ることができますから**

인터넷 수업은 몇 번이고 반복해서 볼 수 있으니까

- 見ることができる : 동사 기본형 + ことができる

  例 能力のある人材をみつけることができます。 능력 있는 인재를 발견할 수 있습니다.

  英語と韓国語を教えることができる。 영어와 한국어를 가르칠 수 있다.

참고

동사의 가능형과 ことができる의 차이

의미적으로 거의 차이가 없지만 1) 食べられる, 飲める 등의 가능형 형태는 일상생활에서 자주 사용되는 동사를 중심으로 한 회화적인 표현, 2) ことができる는 논리적이고 딱딱한 표현과 사용되기도 하며 教えられる, 起きられる 등의 2그룹 동사는 뒤에 학습할 수동형과 형태가 겹치기 때문에 ことができる의 형태로 사용되기도 한다. 2)가 1)보다 정중한 느낌을 준다.

심화학습

(1) 주요 동사의 가능형 활용

기본형	가능형
会^あう 만나다	会^あえる 만날 수 있다
言^いう 말하다	言^いえる 말할 수 있다
買^かう 사다	買^かえる 살 수 있다
行^いく 가다	行^いける 갈 수 있다
書^かく 쓰다	書^かける 쓸 수 있다
話^{はな}す 이야기하다	話^{はな}せる 이야기할 수 있다
待^まつ 기다리다	待^まてる 기다릴 수 있다
死^しぬ 죽다	死^しねる 죽을 수 있다
遊^{あそ}ぶ 놀다	遊^{あそ}べる 놀 수 있다
飲^のむ 마시다	飲^のめる 마실 수 있다
読^よむ 읽다	読^よめる 읽을 수 있다
乗^のる 타다	乗^のれる 탈 수 있다
帰^{かえ}る 돌아가다/돌아오다	帰^{かえ}れる 돌아갈/올 수 있다
入^{はい}る 들어가다/들어오다	入^{はい}れる 들어갈/올 수 있다
切^きる 자르다	切^きれる 자를 수 있다
歩^{ある}く 걷다	歩^{ある}ける 걸을 수 있다
呼^よぶ 부르다	呼^よべる 부를 수 있다
持^もつ 가지다/들다	持^もてる 가질/들 수 있다
作^{つく}る 만들다	作^{つく}れる 만들 수 있다
見^みる 보다	見^みられる 볼 수 있다
食^たべる 먹다	食^たべられる 먹을 수 있다
寝^ねる 자다	寝^ねられる 잘 수 있다
教^{おし}える 가르치다	教^{おし}えられる 가르칠 수 있다
起^おきる 일어나다	起^おきられる 일어날 수 있다
着^きる 입다	着^きられる 입을 수 있다
来^くる 오다	こられる 올 수 있다
する 하다	できる 할 수 있다

(2) 가능형 동사가 취하는 조사

① 일반적인 가능형 동사는 を를 が로 바꾼다.

例 漢字を読む 한자를 읽는다 → 漢字が読める 한자를 읽을 수 있다

② 최근에는 조사 を를 그대로 사용하는 경우가 늘고 있다.

例 漢字を読める 한자를 읽을 수 있다

③ する의 가능형인 できる는 が만 사용한다.

例 日本語を勉強する 일본어를 공부한다 → 日本語が勉強できる 일본어를 공부할 수 있다

④ ～に会う, ～に乗る는 가능형으로 바꿔도 그대로 に 사용한다.

例 家族に会う 가족을 만난다 → 家族に会える 가족을 만날 수 있다

학습평가

01 다음 용어를 일본어의 가타카나로 써 보세요.

(1) 인터넷 _____   (2) 이러닝 시스템 _____

(3) 리쿠르트 _____   (4) 어플리케이션 _____

02 다음 괄호 안에 들어갈 동사를 알맞은 형태로 고쳐 보세요.

(1) 私は辛い料理が (食べる → _____)。
나는 매운 음식은 먹을 수 없습니다.

(2) 漢字は (読む → _____) が、うまく (書く → _____)。
한자는 읽을 수 있지만 잘 못 쓴다.

(3) 朝早く (起きる → _____) なりました。
아침 일찍 일어날 수 있게 되었습니다.

(4) 明日までに宿題が (するか → _____) どうかわかりません。
내일까지 숙제를 다 할 수 있을지 어떨지 잘 모르겠습니다.

(5) 私たち、結婚する (ことになる → _____)。
우리 결혼하게 되었습니다.

(6) 能力のある人材を (みつける → _____) ことができます。
능력 있는 인재를 발견할 수 있습니다.

03 음성을 듣고 다음 ( ) 안에 적당한 표현을 써 넣으세요. 🎧 Track 18

金漢 : 来月からネットで社内教育が (받을 수 있도록 → _____)
　　　 e ラーニングシステムを導入すると発表があったんです。

野村 : へえ！じゃ、これからはいつでも好きなときに
　　　 (공부할 수 있게 되겠네요 → _____) ね。

金漢 : リクルートから出ている (앱을 사용하게 되다 → _____) んですけど、
　　　 すべて日本語なんです。授業に (따라갈 수 있을지 → _____)
　　　 心配です。

野村 : 大丈夫ですよ。ネット授業は何度でも
　　　 (반복해서 볼 수 있으니까요 → _____)。

2부 ネット授業
じゅぎょう

인터넷 수업

포인트 **일본의 인터넷 교육의 새로운 변화를 이해할 수 있습니다.**

KEY WORD

일본의 인터넷 수업 : 日本のネット授業
오키나와의 N고등학교 : 沖縄のN高等学校

일본 문화 속의 일본어

❀ **일본의 리쿠르트는 어떤 기업인가요?**

주식회사 리쿠르트(リクルート)는 구인 광고(求人広告きゅうじんこうこく), 인재 파견(人材派遣じんざいはけん), 인재 소개, 판매 촉진 등의 서비스를 다루는 기업이다.

회사는 신사업 대회(新事業しんじぎょうコンペ) 제도를 도입하여 사원 모두가 자유롭게 신사업 제안에 참여할 수 있는 분위기이다. 이곳에서 출판한 정보지에서 '프리터(フリーター)', '취직 빙하기(就職氷河期しゅうしょくひょうがき)', '가텐계(ガテン系けい)' 등의 유행어가 만들어졌다.

'가텐(ガテン)'은 리쿠르트(リクルート)에서 출판된 구인 정보지(求人情報誌きゅうじんじょうほうし)의 명칭이다. 1991년에 창간했는데 토목(土木どぼく), 건축(建築けんちく), 조리사(調理師ちょうりし) 등 소위 현장 노동자(ブルーカラー)에게 특화된 구인 정보를 제공했다. 잡지명은 '合点がってんがいく 이해(납득)가 되다'와 '가ってん OK의 뜻'을 결합했다. 이런 유형의 구인 정보지는 경쟁 잡지가 많지 않고, ガテン이 가장 메이저였던 점, 표지에 사용된 이미지의 임팩트, ガテン 구독자의 특화성 등에서 '육체 노동자'를 가리키는 대명사가 되었다. 육체 노동의 직종을 가리키는 속어(俗語ぞくご)인 '가텐계(ガテン系けい)'는 이 잡지명에서 유래했다. 2009년에 휴간되었고 발행 부수는 4만2천 부이다.

❀ 일본의 각켄은 어떤 기업인가요?

주식회사 각켄(学研がっけん)홀딩스는 일본의 교육 사업, 출판사를 통괄하는 회사이다. 2009년에 가쿠슈켄큐샤(学習研究社がくしゅうけんきゅうしゃ)로부터 조직 개편, 회사명을 변경했다. '중학 코스(中学ちゅうがくコース)', '과학과 학습(科学かがくと学習がくしゅう)' 등의 교육 잡지, 학습 참고서, 어학 사전(辞書じしょ), 백과사전(事典じてん) 등 교육 관련 책을 출판하고 있다.

❀ 가상 현실은 무엇을 말하나요?

가상 현실(virtual reality, バーチャルリアリティ)이란, 컴퓨터로 만들어 놓은 가상의 세계에서 사람이 실제와 같은 체험을 할 수 있도록 하는 최첨단 기술을 말한다. 약어로 VR이라고도 한다. 일본어로는 '인공 현실감(人工現実感じんこうげんじつかん)' 혹은 '가상 현실(仮想現実かそうげんじつ)'이라고 번역되며, 시공간을 초월한 기술이다.

❀ N고등학교는 어떤 학교인가요?

N고등학교(N高等学校こうとうがっこう)는 오키나와 우루마시 이케이지마(沖縄県おきなわけんうるま市し伊計島いけいじま)에 소재하는 통신제(通信制つうしんせい) 사립 고등학교이다. 줄여서 N고(高)라고 한다. 가도카와(角川かどかわ)와 도완고학원(ドワンゴ学園がくえん)이 경영을 통합하여 2016년 개교했다. 출판사인 가도카와의 콘텐츠와 IT기업인 도완고가 가진 기술력을 활용하여 종래의 교육 시스템과 교육 방침을 바꾸는 새로운 형태의 '인터넷 고등학교(ネットの高校こうこう)'를 설립했다. 수업과 리포트 제출은 인터넷을 통해서 하지만, 통학 코스도 있다. 또한 과외 수업으로 일본 각지의 지자체(自治体じちたい)와 연계한 수업 체험과 도완고가 운영하는 '니코니코 동영상(ニコニコ動画どうが)' 이벤트와의 컬래버레이션(コラボレーション)도 실시하고 있다. 학교 이름의 'N'은 Net뿐 아니라, New, Next, Necessary, Neutral 등 많은 의미를 담고 있다.

이미지로 보는 일본 문화

오키나와의 N고등학교

1) 개요   일본에서는 미래의 인적 자원 부족 현상에 대비해 보다 전문성 높은 인재를 사회에 내보내려는 (送おくり出だす) 시도가 시작되고 있다. 교육 및 인터넷 관련 대기업과 지방 자치 단체 등이 등교를 하지 않는 초등학생, 중학생의 학습을 지원하는 프로젝트 활동에 착수했다.

2) 클래스 재팬 프로젝트   그 일환으로, '클래스재팬 프로젝트(クラスジャパンプロジェクト)'라고 하는 교육 지원 서비스가 있다. 일본 내 20만여 명의 등교 거부(不登校者ふとうこう) 초등학생, 중학생을 대상으로 인터넷을 통해 교육을 지원하는 활동이다. 인재 부족(人材不足じんざいぶそく), 연금 문제(年金問題ねんきんもんだい), 소득 격차(所得格差しょとくかくさ) 등 다양한 사회 문제를 교육을 통해 해소해 보고자 하는 것이다. 협력 업체로는 리쿠르트(リクルート)나 각켄(学研), DeNA(ディーエヌエー) 등 유수의 기업이 있다. 이 수업에서는 인터넷을 사용해 집에서 학습할 수 있는 e-러닝 시스템을 도입하고 있다. 이밖에도 프로그램 학습이나 게임 및 가상 현실(VR)을 이용한 직업 체험 등, 전문 분야를 양성하려는 목적도 있다.

이 프로젝트의 토대가 된 것은 인터넷 통신제 고등학교 'N고등학교'이다. 인터넷으로 원하는 시간에 수업을 듣고, 고등학교 졸업 자격까지 얻을 수 있다. 이 프로젝트는 찬성하는 지자체를 중심으로 서비스를 제공하고 있으며, 현재 이 프로젝트에 찬성하는 지자체로는 도쿄 오타구(東京とうきょう大田区おおたく)와 나라시(奈良市ならし) 등이 있다.

시마네(島根しまね)에서 찾아온 교육 관계자는 민간에 등교 거부자를 복학시키려는 힘이 있으면 그것을 빌리는 것이 필요한 경우도 있지 않은가(民間みんかんに不登校者ふとうこうしゃを復学ふくがくさせる力ちからがあるなら、それを借かりることが必要ひつような場合ばあいもあるのじゃないか)'라고 말한다.

학생 지도

자립형 인재 육성

교우 관계

커리어 교육

출처 ⑦ | 클래스재팬 프로젝트

N고등학교의 설립자이자 대표이사인 나카지마타케시(中島武なかじまたけし)는 다음과 같이 설립 목적을 밝혔다.

"등교 거부 학생도 어떤 일부 능력이 뛰어나 사회에 진출하면 활약할 수 있는 사람이 많이 있습니다. 한 가지라도 좋으니 그 능력을 발굴하는 교육·인재 육성을 하고 싶습니다. 그것이 가능하리라 생각합니다.(不登校者ふとうこうしゃにもある一部いちぶの能力のうりょくが非常ひじょうに高たかく、社会しゃかいに出でたら活躍かつやくできる人ひとはたくさんいます。ひとつでもいいからその能力のうりょくを見みつけるような教育きょういく・人材育成じんざいいくせいをやりたい、それができると思おもいます。)" 또한 등교하지 않는 아동을 구하는 것은 곧 일본 전체를 위한 길이라고 했다.

3) 교육환경의 변화   인터넷을 이용함으로써 학습 방식도 많이 바뀌었다. 지금은 등교 거부 학생들에게 초점이 맞춰져 있지만, 점차 일반 고등학교 수업에도 이용이 늘어나고 있다. 인터넷 수업의 장점은 여러 번 반복해서(繰くり返かえして) 복습할 수 있기 때문에 교육 효과가 올라간다는 점이다.

그렇게 되면 선생님의 역할(役割やくわり)도 바뀌게 된다. 수업은 인터넷이 대신 하기 때문에 선생님의 역할은 학생에게 열심히 하라(頑張がんばれ)고 독려하는 쪽으로, 즉 인터넷이 할 수 없는 심리적인(멘탈) 역할로 서서히 변화해 갈 것이다.

※ 스터디즈 앱(スタディーズアプリ)
 - 리쿠르트에서 출시한 서비스
 - 인터넷 교육 서비스로 일반 고등학교의 보습 등에 이용됨.

국립 국어 연구소(国立国語研究所)는 어떻게 읽을까요?

'국립 국어 연구소'는, 'こくりつこくごけんきゅうじょ'와 'こくりつこくごけんきゅうしょ'의 두 가지 읽기 방식이 있다. '연구(研究) + 소(所)'라는 단어의 '소(所)'가 탁하게 발음되느냐 아니냐의 차이가 있다. 전자는 간토(関東かんとう)지역에서, 후자는 간사이(関西かんさい)지역에서 많이 사용한다. 일본어에서는 두 개의 단어로 구성된 말(복합어)의 경우 뒷말의 첫소리가 탁하게 발음되는 경우가 있는데, 이를 '연탁(連濁れんだく)'이라고 한다.

① 연탁의 예
  - 회전(回転かいてん) + 초밥(寿司すし) = 회전초밥(かいてんずし)

지금까지의 연구로 연탁 현상에는 몇 가지 법칙이 발견되었다. 예를 들면 뒷말에 탁음이 포함된 경우는 연탁하지 않는다.

② 연탁하지 않은 경우
  뒤에 오는 단어에 탁음이 포함된 경우는 연탁하지 않는다(라이만의 법칙)
  - 바다(海うみ) + 바람(風かぜ) = 바닷바람(海風うみかぜ) ← がぜ (×)
  - 흰긴수염(白長須しろながす) + 고래(鯨くじら) = 흰긴수염고래(しろながすくじら) ← ぐじら (×)

③ 예외: 뒤에 오는 단어에 탁음이 있지만 연탁하는 예
  - 줄(縄なわ) + 사다리(梯子はしご) = 줄사다리(なわばしご)

④ 예외: 닮은 단어이지만 연탁하거나 하지 않는 예
  - 줄(綱つな) + 다리기(引ひき) = 줄다리기(つなひき)
  - 제비(籤くじ) + 뽑기(引ひき) = 제비뽑기(くじびき)

이밖에도 역사적인 요인도 있어 연탁의 구조는 완전하게는 밝혀지지 않았다. '연구소(研究所)'가 'けんきゅうじょ' 또는 'けんきゅうしょ'로도 읽을 수 있는 것은 일본어에는 아직 숨겨진 비밀이 있다는 좋은 예라고 할 수 있을 것이다.

생각해 보기

● 일본의 DeNa란 어떤 기업인지 알아 보세요.

> 주식회사 디에누에(DeNA)는 인터넷 서비스를 기획, 운영하는 일본 기업이다. 2017년에 DeNA, 요코하마DeNA베이스타즈(横浜DeNAベイスターズ), 요코하마 스타디움(横浜スタジアム)의 3사와 요코하마시(横浜市よこはまし)는 스포츠 진흥, 지역 경제 활성화 등을 위한 포괄 연계 협정을 체결했다.
>
>

학습평가

01 다음 단어의 읽는 법을 써 보세요.

① 人材派遣 _____   ② 就職氷河期 _____

③ 仮想現実 _____   ④ 通信制 _____

⑤ 人材不足 _____   ⑥ 年金問題 _____

⑦ 所得格差 _____   ⑧ 不登校者 _____

⑨ 頑張れ _____   ⑩ 回転寿司 _____

⑪ 縄梯子 _____   ⑫ 綱引き _____

02 다음 일본의 인터넷 수업에 대한 설명 중 틀린 것을 고르세요.

① 최근 교육 및 인터넷 관련 대기업과 지방 자치 단체 등이 등교를 하지 않는 초등학생, 중학생의 학습을 지원하는 프로젝트 활동에 착수했다.

② '클래스재팬 프로젝트'의 협력 업체로 리쿠르트나 각켄, DeNA 등 유수의 기업이 있다.

③ '클래스재팬 프로젝트'는 신청하는 모든 학교에 서비스를 제공하는 형태로 시작한다.

④ 인터넷수업에서 선생님의 역할은 심리적인 역할로 서서히 변화해 갈 것이다.

Unit 07

1부 可能性（か のうせい）があるそうだ

가능성이 있다고 한다

2부 太陽（たいよう）フレア

태양 플레어

주요 학습 내용

1부

1. 회화: 可能性（か のうせい）があるそうだ
2. 주요 표현
3. 심화학습: 추측의 そうだ・ようだ・らしい
4. 학습평가

2부

1. 태양 플레어 현상
2. 지중열의 이용
3. 생각해 보기
4. 학습평가

학습 목표

• 뉴스의 사실과 정보에 관한 대화를 이해할 수 있다.
• '~인 것 같다' 혹은 '~라고 한다' 등의 추측, 전달 표현 용법을 파악할 수 있다.
• 일본의 태양 플레어 현상과 지중열의 이용에 대해 알 수 있다.

1부 可能性があるそうだ
かのうせい

가능성이 있다고 한다

포인트 뉴스에서 본 현상을 전달하고 그에 대해 이야기 나누는 표현을 학습합니다.

회화  Track 19

金漢(キムハン) 陽子、昨日のニュース見た? 太陽フレアのこと。

陽子(ようこ) 見た見た! 太陽の黒点で爆発が起こる現象だよね?

金漢(キムハン) そう。ニュースによると、人工衛星が故障したり、
GPSや通信機器に影響が出る可能性があるそうだよ。

陽子(ようこ) 今朝カーナビの調子がおかしかったけど、そのせいかな?

金漢(キムハン) 僕のスマホの地図アプリに異常はないようだけど。
普通に生活するにはそれほど心配することはないらしいよ。

陽子(ようこ) じゃ、カーナビは故障かな?

 Track 20

- □ ニュース 뉴스
- □ 太陽(たいよう)フレア 태양 플레어
- □ 黒点(こくてん) 흑점
- □ 爆発(ばくはつ) 폭발
- □ 現象(げんしょう) 현상
- □ 人工衛星(じんこうえいせい) 인공위성
- □ 故障(こしょう)する 고장나다

- □ 通信機器(つうしんきき) 통신기기
- □ 影響(えいきょう) 영향
- □ 可能性(かのうせい) 가능성
- □ 今朝(けさ) 오늘 아침
- □ カーナビ 자동차 내비게이션
- □ 調子(ちょうし) 상태, 상황
- □ おかしい 이상하다

- □ スマホ 스마트폰(スマートフォン의 줄임말)
- □ 地図(ちず)アプリ 지도 앱
- □ 異常(いじょう) 이상
- □ 普通(ふつう)に 일반적으로, 통상, 대체로
- □ 生活(せいかつ)する 생활하다
- □ それほど 그만큼, 그다지

주요 표현

① ニュースによると、…可能性があるそうだよ 뉴스에 의하면 … 가능성이 있다고 해

- ~によると、~そうだ : ~에 의하면 ~라고 한다 (~によると는 생략 가능)
  - 예 新聞によると、GPSに影響が出たそうです。 신문에 의하면 GPS에 영향이 나타났다고 합니다.
    田中さんは歌が上手だそうです。 다나카 씨는 노래를 잘한다고 합니다.

- そうだ : '~라고 한다'의 의미로, 남에게 들은 것을 전달하는 표현이다.

명사	명사 + だ + そうだ 예 彼は学生だそうです。 그는 학생이라고 합니다.
い형용사	~い + そうだ 예 この店のケーキはおいしいそうです。 이 가게의 케이크는 맛있다고 합니다.
な형용사	~だ + そうだ 예 田中さんはピアノが得意だそうです。 다나카 씨는 피아노를 잘 친다고 합니다.
동사	보통체 + そうだ 예 明日は台風が来るそうです。 내일은 태풍이 온다고 합니다. 日本に台風が来たそうです。 일본에 태풍이 왔다고 합니다.

② 今朝カーナビの調子がおかしかったけど、そのせいかな？
오늘 아침 자동차 내비게이션의 상태가 이상했는데, 그 때문인가?

- ~のせい : ~때문, ~탓 (후행절에 나쁜 결과를 나타내는 표현이 온다.)
  - 예 台風のせいで、出かけることができなかった。 태풍 탓에 외출할 수가 없었다.

  > **참고**

  원인을 나타내는 표현

  ~のおかげ　~때문, ~덕분 (좋은 결과)
  - 예 雨のおかげで、少しは涼しくなりました。 비 덕분에 조금은 시원해졌습니다.

  ~のため　~때문 (나쁜 결과·좋은 결과 양쪽 사용)
  - 예 ただ今、品川駅での事故のため、電車が止まっております。
    현재 시나가와 역에서의 사고 때문에 전철이 멈춰 있습니다.

3 異常はないようだけど 이상은 없는 것 같은데

- ようだ : '~인 듯하다'의 의미. 자신의 직감, 지식이나 주변 상황을 근거로 한 추측을 나타낸다.

명사	명사 ＋ の ＋ ようだ 예 電気が消えています。どうやら彼女は留守のようです。 전기(불)가 꺼져 있습니다. 아무래도 그녀는 부재중인 것 같습니다.
い형용사	～い ＋ ようだ 예 この店のケーキはおいしいようです。人が並んでいます。 이 가게의 케이크는 맛있는 것 같습니다. 사람들이 줄 서 있습니다.
な형용사	～だ → ～な ＋ ようだ 예 彼はまじめなようです。 그는 성실한 것 같습니다.
동사	보통체 ＋ ようだ 예 家の前に車が止まっています。誰かが来たようです。 집 앞에 차가 서 있습니다. 누군가가 온 것 같습니다.

4 それほど心配することはないらしいよ 그다지 걱정할 것은 없다고 해 / 없는 듯해

- らしい : '(들은 바에 의하면) ~인 듯 하다' 혹은 '~라고 한다'의 의미로, 외부 특히 청각 정보에 의한 추측, 판단을 나타낸다.

명사	명사 ＋ らしい 예 彼は有名な歌手らしいです。 그는 유명한 가수라는 것 같아요.
い형용사	～い ＋ らしい 예 田中さんは今日調子がわるいらしいです。 다나카 씨는 오늘 컨디션이 나쁘다는 것 같아요.
な형용사	～だ ＋ らしい 예 あの歌手はかなり有名らしいです。 저 가수는 꽤 유명하다는 것 같아요.
동사	보통체 ＋ らしい 예 金さんは今年引っ越したらしいです。 김 씨는 올해 이사했다는 것 같아요.

심화학습

* 일본어의 추측을 나타내는 대표적인 표현에는 **そうだ・ようだ・らしい**가 있다.

(1) 추측의 そうだ

そうだ : '~인 것 같다'의 의미로, 시각적인 정보에 의한 추측이나 곧 다가올 상황에 대한 예상을 나타낸다.

명사	없음
い형용사	~い → そうだ 예 このケーキ、とてもおいしそうですね。 　　이 케이크, 아주 맛있을 것 같네요. ※ いい・ない 　いい(よい) → よさ + そうだ 　ない → なさ + そうだ
な형용사	~だ + そうだ 예 このスマホはとても便利そうです。 　　이 스마트폰은 매우 편리할 것 같습니다.
동사	동사의 ます형 + そうだ 예 (하늘을 보며) 明日は晴れそうですね。 　　내일은 맑을 것 같군요. もうすぐ会議が始まりそうです。 이제 곧 회의가 시작될 것 같습니다.

> **참고**
>
> 본문 「可能性があるそうだ」(주요 표현 ❶)의 そうだ는 '~라고 한다'의 의미이며, 남에게 들은 것을 전달하는 표현이다. 전문(伝聞) 용법이라고도 한다. 추측의 そうだ와는 의미, 접속 형태 등이 다르므로 주의해야 한다.

(2) そうだ・ようだ・らしい

① 감각과 そうだ・ようだ・らしい

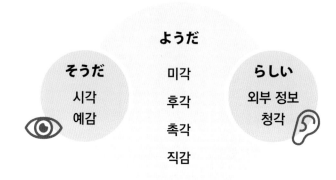

② そうだ・ようだ・らしい의 구별

구분	～ようだ	～そうだ	～らしい
정보	• 체험이나 경험에 의한 판단, 직감	• 외관에 나타나는 느낌, 인상, 조짐 • 막연한 예상이나 예감	• 귀를 통한 정보가 많음
예	• 雨が降るようだ。 비가 내릴 것 같다. 비 올 모양이다. → 모두들 우산을 들고 있음	• 雨が降りそうだ。 비가 내릴 것 같다. → 직접 눈앞의 하늘 상태를 보고	• 雨が降るらしいよ。 비가 내릴 것 같아. 비가 온다고 해. → 뉴스나 신문 등에서 들은 정보를 근거로 이야기 함.

예 A : カムジャタンを作ったんだけど、見てくれる？ 감자탕 만들었는데, 봐 줄래?

B : うん。(냄비 안을 들여다보고) おいしそうね。 응. 맛있겠네.

A : どう？ 어때?

B : (젓가락으로 쑤셔 보며) ほかのはいいけど、ジャガイモはまだかたいようね。
다른 것은 괜찮은데, 감자가 아직 딱딱한 것 같아.

ジャガイモはやわらかくなるのに、時間がかかるらしいから。
감자는 부드러워지는 데에 시간이 걸린다니까(걸린다고들 하니까).

학습평가

01 다음 일본어의 읽기와 뜻을 써 보세요.

(1) 爆発が起こる _____ (2) 現象 _____

(3) 影響が出る _____ (4) 故障 _____

02 다음 괄호 안에 들어갈 적당한 표현을 선택하세요.

(1) 田中さんは歌が (上手そう / 上手だそう / 上手なよう) です。
다나카 씨는 노래를 잘 한다고 합니다.

(2) 電気が消えています。どうやら彼女は (留守だそう / 留守のよう / 留守らしい) です。
전기가 꺼져 있습니다. 아무래도 그녀는 집에 없는 것 같습니다.

(3) 金さんは今年 (引っ越したよう / 引っ越したらしい / 引っ越しそう) です。
김 씨는 올해 이사했다는 것 같아요.

(4) この店のケーキは (おいしそう / おいしいらしい / おいしいよう) です。店の前に人が並んでいます。
이 가게의 케이크는 맛있는 것 같아요. 가게 앞에 사람들이 줄 서 있어요.

(5) (空を見て) もうすぐ雨が (降りそう / 降るそう / 降るらしい) です。
(하늘을 보고) 곧 비가 올 것 같아요.

03 음성을 듣고 다음 ( ) 안에 적당한 표현을 써 넣으세요. 🎧 Track 21

金漢 : ニュース (에 의하면 →   ) 、人工衛星が故障したり、
GPSや通信機器に影響が出る可能性が (있다고 한다 →   ) よ。

陽子 : 今朝カーナビの調子がおかしかったけど、(그 탓인가 →   ) ?

金漢 : 僕のスマホの地図アプリに (이상은 없는 듯한데 →   ) 。
普通に生活するにはそれほど心配することは (없다고 해 →   ) よ。

陽子 : じゃ、カーナビは故障かな？

2부

<ruby>太陽<rt>たいよう</rt></ruby>フレア

태양 플레어

포인트 일본의 태양 플레어 현상과 지중열의 이용에 대해 알 수 있습니다.

KEY WORD

일본의 태양 플레어 현상 : 日本の太陽フレア

일본의 지중열 이용 : 日本の地中熱の利用

일본 문화 속의 일본어

❀ 태양 플레어란 무엇인가요?

태양 플레어(Solar flare, 太陽_{たいよう}フレア)란 태양의 폭발 현상을 가리키며, 태양면 폭발(太陽面爆発_{たいようめんばくはつ})이라고도 한다. 소규모 폭발은 하루에 3번 정도 일어나기도 한다. 특히 큰 태양 플레어는 백색광으로 관측되는 경우가 있어 백색광 플레어라고도 부른다. 태양 활동이 활발할 때에 태양 흑점 부근에서 발생하는 경우가 많다. 플레어란 화염(火炎_{かえん}, 燃_もえ上_あがり)을 뜻한다. NASA에 따르면 2012년 7월에 거대한 태양 플레어가 지구를 아슬아슬하게 비껴갔으며, 이후 10년 안에 거대한 태양 플레어가 지구를 강타할 확률이 12%로 추정된다고 한다.

❀ 흑점이란 무엇인가요?

태양 흑점(sunspot, 太陽黒点_{たいようこくてん})이란 태양 표면을 관측했을 때 검은 점처럼 보이는 부분을 말한다. 태양 흑점은 약 9.5년에서 12년 정도의 주기로 증감을 반복하고 있다. 흑점이 까맣게 보이는 이유는 강한 태양의 자기장(磁場_{じば})이 에너지 흐름을 막아 태양 표면의 온도인 약 6,000℃에 비해 2000℃ 낮아 상대적으로 어두워 보이기 때문이다. 흑점은 태양의 자전과 함께 동쪽에서 서쪽으로 이동한다. 흑점은 태양 뒤로 사라진 뒤 약 2주일가량 지나면 반대편에서 되돌아 나오는 것을 볼 수 있는데, 수명(寿命_{じゅみょう})이 짧은 것은 수일, 긴 것은 몇 개월 동안 남아 있기도 한다.

✿ 오로라란 무엇인가요?

　　오로라(aurora, オーロラ)는 천체의 양 극역 부근에서 나타나는 대기의 발광 현상이다. 극광(極光きょっこう)이라고도 한다. 로마 신화에 등장하는 여신의 이름을 딴 것이며, 일본에서도 관측된 바 있다. 오로라에 대해서는 양극의 탐험가를 통해 그 존재가 널리 알려졌다. 오로라 연구는 전자기학의 발전과 함께 진보했다. 발생 원리는 태양풍의 플라스마(プラズマ)가 지구의 자기력선을 따라 고속으로 내려와 대기의 산소 원자와 질소 원자를 들뜨게 해서 발광한다고 알려져 있지만 아직 명확하게 밝혀지지 않은 부분도 있다. 한편 2003년에 태양 플레어가 발생했을 때 홋카이도(北海道ほっかいどう)의 리쿠베츠쵸(陸別町りくべつちょう)에서 오로라(オーロラ) 현상이 나타났다.

　　일반적으로 오로라는 남극(南極なんきょく)이나 북극(北極ほっきょく) 등의 위도가 높은 곳에서 관측되지만, 위도가 낮은 곳에서도 오로라가 관측될 가능성이 있다. 태양 플레어가 일어나면 오로라의 소재가 되는 전기를 띤 입자가 지구로 많이 쏟아져 내리는데, 과거에 일본의 시코쿠(四国しこく)나 주고쿠(中国ちゅうごく) 지방에서 오로라가 나타났다는 기록도 있다.

이미지로 보는 일본 문화

태양 플레어가 생활에 미치는 영향

1) **개요**   태양 표면의 흑점에서 일어나는 폭발 현상이 태양 플레
어이다. 2017년 태양의 대폭발(大爆発たいばくはつ) 현상인 플레어
(フレア)가 발생했다. 당시 유출된 대량의 입자가 충격파(衝撃波
しょうげきは)가 되어 지구 상공에 도달해 자기장(磁場じば)이 흐
트러지는 현상이 관측(観測かんそく)되었다.

2) **통신기기에 영향**   흑점 폭발이 일어나면 아름다운 오로라뿐만 아니라 통신 두절과 정전 같은 재난이
발생할 수 있다. 자기장의 혼란으로 인공위성(人工衛星じんこうえいせい)이 고장나거나 GPS나 통신 기기
에 영향(影響えいきょう)을 끼쳐 자동차 내비게이션(カーナビ)이나 포켓몬고(ポケモンゴー) 등에도 이상
이 발생할 수 있다.

　　정보 통신 연구 기구의 관계자에 따르면, 일상생활을 하기에는 지장(支障ししょう)이 없지만, 위치 측
정 관련 사업을 하는 사람들은 플레어에 대처할 필요가 있다고 한다.

칼럼

지중열을 어떻게 이용하나요?

　'지중열(地中熱ちちゅうねつ)'이란 지하의 깊이 약 200m까지의 지반이 가진 저온의 열 에너지(熱ねつエネル
ギー)로 그 온도는 일 년 내내 안정적이다. 이를 이용해 전력 소비(電力消費でんりょくしょうひ)를 절감(低減て
いげん)하고 CO_2 배출량(排出量はいしゅつりょう)을 억제(抑制よくせい)할 수 있다. 또한 일반적인 공기 조절 설
비에서는 냉방할 때 옥외로 배열되지만, 지중열 이용 히트 펌프 시
스템(ヒートポンプシステム)에서는 열은 땅 속에서 냉각된다. 지
하수를 끌어올리거나 가스 배출도 발생하지 않기 때문에 지반 침
하(地盤沈下じばんちんか)나 환경 오염(環境汚染かんきょうおせん)도
없는 환경 개선 기술로도 주목받고 있다.

　지중열 이용은 서구(欧米おうべい)에서는 급속히 보급(普及ふきゅう)
되고 있지만 일본에서는 아직 보급율이 낮다. 일본에서 가장 높
은 도쿄 스카이트리(東京スカイツリー)도 최초로 지중열을 이용
한 건축물이다. 에너지 절약(省しょうエネルギー), 낮은 CO_2, 열
섬 현상(ヒートアイランド現象げんしょう)의 억제, 방재성(防災性
ぼうさいせい) 향상, 경제성(経済性けいざいせい)의 관점에서도 지중
열 이용은 아주 긍정적인 에너지 이용 방법이라고 할 수 있다.

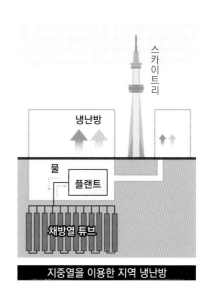

지중열을 이용한 지역 냉난방

생각해 보기

● 포켓몬고(Pokémon GO, ポケモンゴー)란 무엇인지 알아 보세요.

> 포켓몬고는 나이앤틱(ナイアンティック)과 주식회사 포켓몬(ポケモン)이 공동 개발한 스마트폰용 위치 정보 게임 어플리케이션(位置情報いちじょうほうゲームアプリ)이다. 미디어에서는 일반적으로 '포켓몬GO(ポケモンGO)'로 보도되고 있으며 일부 기사 제목에는 '포케GO(ポケGO)'라는 약칭도 사용되고 있다.

학습평가

01 다음 단어의 읽는 법을 써 보세요.

① 太陽		② 黒点	
③ 磁場		④ 位置情報	
⑤ 大爆発		⑥ 衝撃波	
⑦ 人工衛星		⑧ 支障	
⑨ 低減		⑩ 電力消費	
⑪ 環境汚染		⑫ 地中熱	

02 다음 태양 플레어에 대한 설명 중 틀린 것을 고르세요.

① 태양 플레어가 발생했을 때 유출된 대량의 입자가 충격파가 되어 지구의 상공에 도달해 자기장이 흐트러지는 것이 관측되었다.

② 태양 플레어 발생은 자기장의 혼란으로 인해 인공위성이 고장나거나 GPS나 통신기기에 영향을 끼칠 가능성이 있다.

③ 태양 플레어로 인한 일상생활은 그다지 걱정할 필요가 없다. 다만, 통신 혹은 위치 측정 관련 사업을 하는 사람들은 플레어에 대처할 필요가 있다.

④ 일반적으로 오로라는 남극이나 북극 등의 위도가 높은 곳에서 관측되며, 일본에서는 관측되지 않았다.

종합 연습문제 (unit 1 ~ 7)

01 다음 보기와 같이 정중체는 보통체로, 보통체는 정중체로 바꿔 보세요.

> 보기   今日は暖かいです。 → 今日は暖かい。
>   今雨が降っている。 → 今雨が降っています。

(1) おはようございます。韓国はどうでした。

→ _____。

(2) 昼ごはんを食べなかった。

→ _____。

(3) これは「本命」じゃなくて「義理」だからね。

→ _____。

(4) 今は時間がない。

→ _____。

(5) 旅行は楽しくなかったです。

→ _____。

02 다음 보기와 같이 문장을 만들어 보세요.

> 보기   窓・開ける → 窓を開けてもいいです。
>   → 窓を開けてはいけません。

(1) ここに座る

→ ここに_____。/ ここに_____。

(2) ここ・車・止める

→ ここに_____。/ ここに_____。

(3) お風呂・入る

→ お風呂＿＿＿＿＿＿＿＿＿＿＿＿＿＿。 / お風呂＿＿＿＿＿＿＿＿＿＿＿＿＿＿。

(4) 来週の月曜日・会社・休む

→ 来週の月曜日＿＿＿＿＿＿＿＿＿＿。 / 来週の月曜日＿＿＿＿＿＿＿＿＿＿。

03 다음의 한국어를 참고하여 (　　) 안에 적당한 표현을 넣으세요.

(1) 上司：どうして (遅れる →　　　　　　　　　　) ですか。왜 늦은 거에요?

部下：すみません。バスが (来る →　　　　　　　　　) です。죄송합니다. 버스가 오지 않았어요.

(2) お手洗いに (行く →　　　　　　　　) ですけど、外へ出てもいいですか。
화장실에 가고 싶은데요. 밖에 나가도 될까요?

(3) A：どうしたんですか。このケーキ！ 어쩐 일이에요? 이 케이크!

B：明日は金さんの (誕生日 →　　　　　　　　　) です。
내일은 김 씨의 생일입니다.

04 다음의 한국어를 참고하여 (　　) 안에 동사의 적당한 활용형을 넣으세요.

(1) 田中さんを (知る →　　　　　　　　　　) か。다나카 씨를 알고 있습니까?

(2) さくらの花が (落ちる →　　　　　　　　　)。벚꽃이 떨어져 있다.

(3) 彼はもうすでに (起きる →　　　　　　　　　)。그는 이미 일어나 있습니다.

(4) 毎朝ジョギングを (する →　　　　　　　　　)。매일 아침 조깅을 하고 있다.

(5) 田中さんは今日珍しくスーツを (着る →　　　　　　　)。
다나카 씨는 오늘 웬일로 양복을 입고 있다.

(6) 今カフェーでコーヒーを (飲む →　　　　　　　　　)。
지금 카페에서 커피를 마시고 있습니다.

05 다음의 한국어를 참고하여 (   ) 안에 동사의 적당한 활용형을 넣으세요.

(1) 外国で (暮らす →   ) がありますか。외국에서 살았던 적이 있습니까?

(2) 日本の旅館に (泊まる →   ) があります。일본의 여관에 묵은 적이 있습니다.

(3) 家の前を (行く・来る →   ) しています。
집 앞을 왔다 갔다 하고 있어요.

(4) このドラマは結構長くて (おもしろい・つまらない →   )
します。이 드라마는 꽤 길어서 재미있다가 재미없다가 합니다.

(5) 荷物を (送る →   ) で連絡します。짐을 보낸 후에 연락하겠습니다.

(6) もう少し (考える →   ) がいいですよ。조금 더 생각하는 편이 좋아요.

(7) A : このケーキ、どうぞ。이 케이크 드세요.
　　B : さっきパンを (食べる →   ) です。빵 먹은 지 얼마 안 됐어요.

(8) 電気を (つける →   )、眠ってしまいました。전기를 켠 채로 잠들어 버렸습니다.

06 다음은 동사의 의지형과 관련된 문형입니다. (   ) 안에 적당한 표현을 넣으세요.

(1) 新しくできたラーメン屋に (行ってみる →   ) か。
새로 생긴 라멘집에 가 볼까?

(2) 今日は雪が降っているから早く (帰る →   )。오늘은 눈이 오니까 빨리 집에 가자.

(3) 英語の授業を (受ける →   ) と思っていた。영어 수업을 들으려고 생각하고 있었다.

(4) 将来、父の仕事を (手伝う →   ) と思っています。
장래에 아버지 일을 도우려고 생각하고 있습니다.

(5) 日が (暮れる →   ) としています。해가 지려고 합니다.

(6) 来月、ソウルの郊外に (引っ越す →   ) と思っている。
다음 달 서울 근교로 이사 가려고 생각하고 있다.

07 다음은 짝을 이루는 자동사와 타동사 표현입니다. 뜻을 참고하여 빈 칸을 채워 보세요.

자동사	뜻	타동사	뜻
窓が開く	창문이 열리다	窓を開ける	창문을 열다
熱がさがる	열이 내려가다		열을 내리다
授業がはじまる	수업이 시작되다		수업을 시작하다
日程が決まる	일정이 결정되다		일정을 결정하다
タクシーが止まる	택시가 멈추다		택시를 세우다
	색이 바뀌다	色を変える	색을 바꾸다
	보물이 발견되다	宝を見つける	보물을 발견하다
	실이 끊어지다	糸を切る	실을 끊다(자르다)
	유리가 깨지다	ガラスを割る	유리를 깨다
	티켓이 구해지다	チケットを取る	티켓을 끊다
星が見える	별이 보이다		별을 보다
財布が落ちる	지갑이 떨어지다		지갑을 떨어뜨리다
弟が起きる	남동생이 일어나다		남동생을 깨우다
手が出る	손이 나오다		손을 대다
仕事が増える	일이 늘어나다		일을 늘리다
	맥주가 차가워지다	ビールを冷やす	맥주를 차게 하다
	컴퓨터가 망가지다	パソコンを壊す	컴퓨터를 부수다
	병이 낫다	病気をなおす	병을 고치다
	나무가 쓰러지다	木を倒す	나무를 쓰러뜨리다
ビルがたつ	빌딩이 서다		빌딩을 세우다
子供が育つ	아이가 자라다		아이를 키우다
電気がつく	전기(전등)가 켜지다		전기(전등)를 켜다
人が並ぶ	사람이 늘어서다		사람을(나란히)세우다
犬が入る	개가 들어가다		개를 넣다

08 다음 (   ) 안에 자동사, 타동사 중 하나를 선택하여 알맞은 활용형을 써 넣으세요.

(1) お店の前に人が (並ぶ / 並べる →   ) います.

가게 앞에 사람이 늘어서 있습니다.

(2) お皿の上に野菜が (切れる / 切る →   ) あります.

접시 위에 채소가 썰려 있습니다.

(3) 風が強かったからかなあ。窓が (開く / 開ける →　　　　　　　) いるよ。

바람이 강했기 때문인가? 창문이 열려 있어.

(4) 魚は (焼く / 焼ける →　　　　　　　) あるから、はやく食べてね。

생선은 구워 놓았으니까 빨리 먹어.

(5) 冷蔵庫に (冷える / 冷やす →　　　　　　　) あるビールを持ってきてね。

냉장고에 차게 해 둔 맥주를 가져와.

09 다음은 주요 동사의 의지형 및 가능형 활용표입니다. 빈 칸을 히라가나로 적어 보세요.

기본형	의지형	가능형
会う 만나다		
言う 말하다		
買う 사다		
行く 가다		
書く 쓰다		
話す 이야기하다		
待つ 기다리다		
死ぬ 죽다		
遊ぶ 놀다		
飲む 마시다		
読む 읽다		
乗る 타다		
帰る 돌아가(오)다		
入る 들어가(오)다		
切る 자르다		
歩く 걷다		
呼ぶ 부르다		
持つ 가지다/들다		
作る 만들다		
見る 보다		
食べる 먹다		
寝る 자다		
教える 가르치다		

기본형	의지형	가능형
起きる 일어나다		
着る 입다		
来る 오다		
する 하다		

10 다음 ( ) 안에 자동사, 타동사 중 하나를 선택하여 알맞은 활용형을 써 넣으세요.

(1) 私は辛い料理が (食べる → _____)。 나는 매운 음식은 먹을 수 없습니다.

(2) 漢字は (読む → _____) が、うまく (書く → _____)。 한자는 읽을 수 있지만 잘 못 쓴다.

(3) 朝早く (起きる → _____) なりました。 아침 일찍 일어날 수 있게 되었습니다.

(4) 明日までに宿題が (するか → _____) どうかわかりません。
내일까지 숙제를 다 할 수 있을지 어떨지 잘 모르겠습니다.

(5) 能力のある人材を (みつける → _____) ことができます。
능력 있는 인재를 발견할 수 있습니다.

11 다음은 추측 혹은 정보를 전달하는 문형입니다. ( ) 안에 들어갈 적당한 표현을 쓰세요.

(1) 田中さんは歌が (上手だ → _____) です。 다나카 씨는 노래를 잘 한다고 합니다.

(2) 電気が消えています。 どうやら彼女は (留守 → _____) です。
전기가 꺼져 있습니다. 아무래도 그녀는 집에 없는 것 같습니다.

(3) 金さんは今年 (引っ越す → _____) です。
김씨는 올해 이사했다는 것 같아요.

(4) この店のケーキは (おいしい → _____) です。 店の前に人が並んでいます。
이 가게의 케이크는 맛있는 것 같아요. 가게 앞에 사람들이 줄 서 있어요.

(5) (空を見て) もうすぐ雨が (降る → _____) です。 (하늘을 보고) 곧 비가 올 것 같아요.

Unit 08

1부 読んでみたらどうですか
よ

읽어 보면 어때요?

2부 経済が学べる漫画
けいざい まな まんが

경제를 배울 수 있는 만화

주요 학습 내용

 1부

1. 회화: 読んでみたらどうですか
よ
2. 주요 표현
3. 심화학습: 조건 표현 たら・ば・と・なら
4. 학습평가

 2부

1. 일본의 만화
2. 경제를 배울 수 있는 만화
3. 생각해 보기
4. 학습평가

학습 목표

- 경제를 학습하는 데에 도움이 되는 만화를 추천하는 대화를 이해할 수 있다.
- 조건 표현의 형태와 용법을 파악할 수 있다.
- 일본의 경제 만화를 통해 미디어 콘텐츠에 대해 이해할 수 있다.

1부

読んでみたらどうですか

읽어 보면 어때요?

포인트 경제를 학습하는 데에 도움이 되는 만화를 추천하는 대화를 학습합니다.

회화 🎧 Track 22

金漢(キムハン)　今朝の会議、疲れました。経済や金融の用語がたくさん出て

くると、頭が痛くなります。

野村(のむら)　経済や金融の用語が苦手なら、この漫画がおススメですよ。

(携帯の画面をみせる)『インベスターZ』という漫画です。

読んでみたらどうですか。

金漢(キムハン)　どういう内容ですか。

野村(のむら)　主人公が高校の投資部に入って活躍する漫画で、これを読めば、

経済・投資を基本から勉強できるって評判なんですよ。

金漢(キムハン)　この漫画なら楽しく勉強できそうですね。どこで買えるんですか。

野村(のむら)　駅前の書店でも売っています。よかったら今日の帰りに寄ってみた

らどうですか。

 단어 및 표현 🎧 Track 23

- 会議 かいぎ 회의
- 疲つかれる 피곤하다
- 経済 けいざい 경제
- 金融 きんゆう 금융
- 用語 ようご 용어
- 頭 あたま 머리
- 痛いたい 아프다
- 苦手 にがて 싫음, 잘 못함, 서투름
- 漫画 まんが 만화
- おススメ 추천
- 携帯 けいたい 휴대전화
- 画面 がめん 화면
- 内容 ないよう 내용
- 主人公 しゅじんこう 주인공
- 投資部 とうしぶ 투자부(투자 동아리)
- 活躍 かつやくする 활약하다
- 投資 とうし 투자
- 基本 きほん 기본
- 楽たのしい 즐겁다
- 駅前 えきまえ 역 앞
- 書店 しょてん 서점
- 売うる 팔다
- 寄よる 들르다

주요 표현

1 経済や金融の用語がたくさん出てくると、頭が痛くなります
경제나 금융의 용어가 많이 나오면 머리가 아파져요

・ 出てくると : 나오면
- 조건 표현 と
① 자연 현상이나 보편적인 진리, 기계 조작, 길 안내 등 변하지 않는 상황에 주로 사용한다.
② '~하니까(~하자)'의 의미로도 사용한다.

품사	접속방법	예
명사	명사 + だ + と	休みだと　휴일이라면
い형용사	기본형 + と	うるさいと　시끄러우면
な형용사	기본형 + と	静かだと　조용하면
동사	기본형 + と	読むと　읽으면

예 この道をまっすぐ行くと書店があります。이 길을 곧장 가면 서점이 있습니다.
冬になると寒くなります。겨울이 되면 추워집니다.
駅に着くと、すぐ電車が来ました。역에 도착하자 곧 전철이 왔습니다.

2 経済や金融の用語が苦手なら、この漫画がおススメですよ
경제나 금융의 용어를 잘 모른다면 이 만화를 추천해요

・ 苦手なら : 서툴다면, 잘 못한다면, 거북하다면
- 조건 표현 なら

외부에서 얻은 정보에 대한 자신의 판단을 바탕으로 '~라면', '~한다면', '~할 거라면'이라고
제안이나 조언을 할 때 주로 사용한다.

품사	접속방법	예
명사	명사 + なら	休みなら　휴일이라면
い형용사	기본형 + なら	うるさいなら　시끄러우면
な형용사	어간 + なら	苦手なら　잘 못한다면, 싫다면
동사	기본형 + なら	読むなら　읽는다면, 읽을 거라면

예 A : 来週日本に行きます。 다음 주에 일본에 갑니다.

B : 日本に行くなら、お茶を買ってきてください。 일본에 가는 거면 차를 사 와 주세요.

예 A : 昨日から頭がいたいです。 어제부터 머리가 아파요.

B : 頭痛なら、このクスリを飲んだほうがいいですよ。 두통이라면 이 약을 먹는 게 좋아요.

예 日本のアニメなら、宮崎はやおが最高です。

일본의 애니메이션이라면 미야자키 하야오가 최고입니다.

③ 読んでみたらどうですか 읽어 보면 어때요?

· 読んでみたら・よかったら・寄ってみたら : 읽어 보면 · 괜찮다면 · 들러 보면

　- 조건 표현 たら

　　조건 표현 중 가장 사용 범위가 넓은 것으로 회화에서 가장 많이 쓰인다. '~하면, ~라면, ~했더니, ~했는데' 등의 의미로 사용된다.

품사	접속방법	예
명사	명사 + だったら	休みだったら　휴일이라면
い형용사	어간 + かったら	うるさかったら　시끄러우면 (cf) いい 좋다 → よかったら 좋으면
な형용사	어간 + だったら	静かだったら　조용하면
동사	동사 + たら	行ったら　가면 読んだら　읽으면 見たら　보면

예 もし一億円があったら、どうしますか。 만약 1억 엔이 있으면 어떻게 하겠어요?

明日雨だったら家でゆっくり休みたい。 내일 비라면 집에서 푹 쉬고 싶다.

この本、おもしろかったら私にも貸してね。 이 책 재미있으면 나한테도 빌려줘.

窓を開けたら海が見えた。 창문을 열었더니 바다가 보였다.

④ これを読めば、経済・投資を基本から勉強できるって評判なんですよ
이것을 읽으면 경제 · 투자를 기본부터 공부할 수 있다고 해서 인기가 있어요

- 読めば：읽으면
  - 조건 표현 ば

    '~하면', '~라면'의 뜻으로, 일반적인 법칙이나 속담, 관용구에 많이 사용된다.

품사	접속방법	예
명사	명사 + なら(ば)	休みなら(ば)　휴일이라면 (休みでなければ)　휴일이 아니라면
い형용사	어간 + ければ	うるさければ　시끄러우면 (cf) いい 좋다 → よければ 좋으면
な형용사	어간 + なら(ば)	静かなら(ば)　조용하면
동사	1그룹 동사 う단 → え단 + ば 2그룹 동사 る + れば 3그룹 동사 くる → くれば 　　　　　　する → すれば	読めば　읽으면 食べれば　먹으면 来れば　오면 すれば　하면

예 値段が高ければ買いません。가격이 비싸면 사지 않습니다.
　　お金さえあれば、遊んで暮せる。돈만 있으면 놀고 지낼 수 있다.
　　三人寄れば文殊の知恵

　　(3명 모이면 문주보살의 지혜 : 평범한 사람이라도 3명이 모이면 문주보살과 같은 지혜가 생겨난다는 뜻의 속담)

참고

~ば ~ほど ~하면 ~할수록

예 日本語は勉強すればするほど面白いですね。

5 **この漫画なら楽しく勉強できそうですね** 이 만화라면 즐겁게 공부할 수 있을 것 같네요

- この漫画なら : 명사 + なら(ば)에서 ば가 생략된 용법

- 勉強できそうです : 勉強する의 가능형 → 勉強できる의 ます형(勉強でき) + そうだ

  ＊ます형 + そうだ

  ① 시각적인 정보에 근거한 추측 ② 임박한 상황에 대한 추측 ③ 자신의 감각이나 느낌을 바탕으로 한 추측의 의미가 있다. ①, ②는 **Unit 07**의 심화학습 참고

  예 **今日は早く家へ帰れそうだ。** 오늘은 빨리 집에 돌아갈 수 있을 것 같다.

심화학습

* 조건 표현 なら・たら・ば・と의 구별

  なら를 제외한 たら・ば・と는 용법이 겹치기도 한다.

  초급 단계에서는 가장 사용 범위가 넓은 たら를 먼저 확실히 학습하자.

  なら와 ば,と는 가장 특징적인 예문을 하나씩 머릿속에 넣어 두자.

학습평가

01 다음 단어의 읽기와 한국어 의미를 써 보세요.

(1) 経済 _____

(2) 金融 _____

(3) 漫画 _____

(4) 投資部 _____

02 なら・たら・ば・と를 사용하여 (　　) 안의 어휘를 적당한 형태로 고쳐 보세요.

(1) この道をまっすぐ (行く → 　　　　　　　　　) 書店があります。

이 길을 곧장 가면 서점이 있습니다.

(2) A : 昨日から頭がいたいです。

어제부터 머리가 아파요.

B : (頭痛 → 　　　　　　　　　)、このクスリを飲んだほうがいいですよ。

두통이라면 이 약을 먹는 게 좋아요.

(3) お金さえ (ある → 　　　　　　　　　)、遊んで暮せる。

돈만 있으면 놀고 지낼 수 있다.

(4) この本、(面白い → 　　　　　　　　　) 私にも貸してね。

이 책 재미있으면 나한테도 빌려줘.

03 음성을 듣고 다음 (　　) 안에 적당한 표현을 써 넣으세요. 🎧 Track 24

金漢 : 今朝の会議、(지쳤어요. → 　　　　　　　　　)。

経済や金融の用語がたくさん (나오면 → 　　　　　　　　　)、頭が痛くなります。

野村 : 経済や金融の用語が (서툴다면, 잘 모른다면 → 　　　　　　　　　)、この漫画がおススメ

ですよ。『インベスターZ』という漫画です。(읽어 보면 → 　　　　　　　　) どうですか。

金漢 : どういう内容ですか。

野村 : 主人公が高校の投資部に入って活躍する漫画で、(이것을 읽으면 → 　　　　　　　　)、

経済・投資を基本から勉強できるって (평이 좋아요/인기예요 → 　　　　　　　　) よ。

金漢 : この漫画なら楽しく (공부할 수 있을 것 같아요 → 　　　　　　　　) ね。

どこで (살 수 있는 거예요? → 　　　　　　　　　)。

野村 : 駅前の書店でも売っています。(괜찮다면 → 　　　　　　　　) 今日の帰りに

寄ってみたらどうですか。

2부 経済が学べる漫画

けいざい　まな　まんが

경제를 배울 수 있는 만화

포인트 일본의 경제 만화를 통해 미디어 콘텐츠에 대해 이해할 수 있습니다.

KEY WORD

일본의 만화 : 日本の漫画
경제를 배울 수 있는 만화 : 経済が学べる漫画

일본 문화 속의 일본어

❀ 시마 코사쿠 시리즈(島耕作シリーズ)는 어떤 만화인가요?

작가	히로카네 켄시(弘兼憲史ひろかねけんし)
출판사	고단샤(講談社こうだんしゃ) 1983년부터 만화 잡지 '모닝(モーニング)' 등에 장기 연재된 만화 시리즈이다.
누적 발행 부수	4,300만 부 이상
주인공	샐러리맨(サラリーマン)
배경	마쓰시타(松下まつした) 전기(現 파나소닉(パナソニック))
시리즈	과장(課長かちょう), 부장(部長ぶちょう), 이사(取締役とりしまりやく), 상무(常務じょうむ), 전무(専務せんむ), 사장(社長しゃちょう), 회장(会長かいちょう), 젊은이(ヤング), 계장(係長かかりちょう), 학생(学生がくせい) 등의 시마 코사쿠 시리즈 가 있다.
줄거리	직장인 시마 코사쿠가 과장에서 사장, 그리고 회장에 오르기까지 출세 가도를 그린 인기 작품이다. 당대의 경제 이슈를 알 수 있다.

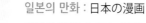

❁ 샐러리맨 긴타로 시리즈(サラリーマン金太郎シリーズ)는 어떤 만화인가요?

작가	모토미야 히로시(本宮ひろ志もとみやひろし)
출판사	슈에이샤(集英社しゅうえいしゃ) 1994년부터 만화 잡지 '영점프(ヤングジャンプ)'에 연재되었고, 2009년부터 새로운 시리즈 '신샐러리맨 긴타로'가 연재되기 시작했다.
누적 발행 부수	3,500만 부 이상
주인공	샐러리맨
배경	건설 회사, 외국 자본 계열 은행 등
줄거리	과거 폭주족의 보스(元暴走族総長もとぼうそうぞくそうちょう)였던 주인공이 샐러리맨이 되어 활약하는 이야기이다.

❁ 야미킨 우시지마쿤(闇金ウシジマくん)는 어떤 만화인가요?

작가	마나베 쇼헤이(真鍋昌平まなべしょうへい)
출판사	쇼가쿠칸(小学館しょうがくかん) 2010년부터 만화 잡지 '빅코믹 스피릿 (ビッグコミックスピリッツ)'에 연재되었다.
누적 발행 부수	1,200만 부 이상
주인공	불법금융(사채업자 闇金融やみきんゆう) 업체의 사장
배경	사채업자의 생활
줄거리	지하 경제(裏経済うらけいざい)의 실태를 알 수 있다.

❀ 인베스터 제트(インベスターZ)는 어떤 만화인가요?

작가	미타 노리후사(三田紀房みたのりふさ)
출판사	고단샤(講談社こうだんしゃ) 2013년부터 만화 잡지 '모닝(モーニング)'에 연재되었다.
누적 발행 부수	97만 부 이상
주인공	최고의 성적으로 수석 입학한 고등학생
배경	각 학년 성적 상위 6명이 참가하는 '투자부'
줄거리	주인공이 학교의 '투자부'에 들어가 주식의 세계에 빠져드는 이야기. 성적 상위 학생들을 관행적으로 '투자부'에 들어가게 하여 몰래 돈벌이를 시키고 그 이익금을 학교의 운영 자금으로 사용한다는 내용.

❀ 킹덤(キングダム)는 어떤 만화인가요?

작가	하라 야스히사(原泰久はらやすひさ)
출판사	슈에이샤 (集英社しゅうえいしゃ) 2006년부터 만화 잡지 '영점프(ヤングジャンプ)'에 연재되었으며, 제17회 데즈카 오사무 문화상 (手塚治虫てづかおさむ文化賞ぶんかしょう) 만화대상을 수상했다.
누적 발행 부수	3,300만 부 이상
주인공	천하대장군을 꿈꾸는 전쟁고아
배경	중국의 춘추 전국 시대 말기
줄거리	영웅이 되기를 희망하는 주인공이 꿈을 펼쳐 나가는 이야기로, 벤처 경영자(ベンチャー経営者けいえいしゃ)의 바이블로 불리는 만화책이다.

이미지로 보는 일본 문화

일본의 경제 만화

경제 전문가가 뽑은 경제를 배울 수 있는 만화(経済けいざいが学まなべる漫画まんが) 베스트(ベスト)5는 다음과 같다.

1) **시마 코사쿠(島耕作) 시리즈(シリーズ)** 5위는 '시마 코사쿠 시리즈'이다. 이 만화는 일본 직장인의 모습을 잘 보여 주고 있으며 당대에 이슈가 된 경제 정보를 확인할 수 있다.

2) **샐러리맨 긴타로(サラリーマン金太郎) 시리즈(シリーズ)** 4위는 '샐러리맨 긴타로 시리즈'이다. 주인공은 전대미문의 인물로 비즈니스의 본질을 꿰뚫는다. 과거 폭주족이었던 만큼 만화 곳곳에서 거친 모습을 보인다. 예를 들어 험악한 사장을 향해 거칠게 몰아세우는 장면 등은 일본의 기업에서는 상상할 수 없는 이례적인 인물상이다.

3) **야미킨 우시지마쿤(闇金ウシジマくん)** 3위는 '야미킨 우시지마쿤'이다. 우리나라에서는 '사채꾼 우시지마'로 번역되어 단행본으로 연재되고 있다. 이 책에는 '도이치(トイチ)'와 '도고(トゴ)'라는 말이 등장한다. 도이치는 열흘(十日とおか)에 1할(10%, 一割いちわり)의 금리를 뜻하며, 도고는 열흘(十日とおか)에 5할(50%, 五割ごわり)의 금리를 뜻한다. 터무니없는(とんでもない) 불법 사채업자의 모습을 그린 만화이지만, 지하 경제(裏経済うらけいざい)의 실태를 잘 알 수 있는 만화이기도 하다.

4) **인베스터 제트(インベスターZ)** 2위는 '인베스터 제트'이다. 경제·투자의 기본에 대한 해설 등 아카데믹한 내용이 있다. 학교에 최고의 성적으로 입학한 주인공이 학교의 비밀 부서 '투자부'에 들어가 3,000억 엔을 운용하여 8%의 수익(利回りまわり)을 거둔다는 내용이다. 만화는 경제와 투자의 기본을 완벽하게 해설하고 있다. 예를 들어 '프로스펙트 이론(プロスペクト理論りろん)'이라는 것이 있는데 이는 경제 수업에서도 자주 쓰이는 이론으로, 고도 경제학의 사고방식을 배울 수 있다. 또한 4,500년 전 로마제국의 데나리우스 은화가 발단이 되어 돈이 만들어졌다는 내용 등 학문적인 내용까지 다루고 있다. 기초 경제 개념을 배울 수 있는 교과서와 같은 만화이다.

5) **킹덤(キングダム)** 마지막으로 제1위는 '킹덤'으로, 벤처 경영자(ベンチャー経営者けいえいしゃ)에게 있어서는 바이블(バイブル)과 같은 만화이다. 이 만화는 춘추 전국 시대가 배경으로, 영웅이 되고 싶어 하는 전쟁고아의 이야기이다. 역사물이므로 경제와 무관할 것 같지만 벤처 경영자들 사이에서 크게 히트를 쳤다.

〈5위〉　〈4위〉　〈3위〉　〈2위〉　〈1위〉

생각해 보기

● 프로스펙트 이론(プロスペクト理論りろん)에 대해 알아 보세요.

불확실성 아래서 이루어지는 의사 결정 모델의 하나이다. 선택의 결과 얻어지는 이익(利益りえき) 또는 입게 되는 손해(損害そんがい)에 대한 확률이 주어질 경우, 사람들은 어떤 선택을 하는지 확인할 수 있다. 예를 들어 다음의 두 가지 질문에 대해 생각해보자.

질문1 당신에게 다음 두 가지의 선택지(選択肢せんたくし)가 제시될 경우, 하나를 고른다면?

선택지 A 100만 엔을 무조건 손에 넣는다.

선택지 B 동전을 던져 앞면(表おもて)이 나오면 200만 엔을 손에 넣지만, 뒷면(裏うら)이 나오면 아무 것도 얻을 수 없다.

질문2 당신은 200만 엔의 부채(負債ふさい)를 안고 있다. 다음 두 가지의 선택지 중에서 하나를 고른다면?

선택지 A 무조건 부채가 100만 엔 감액되며 부채 총액은 100만 엔이 된다.

선택지 B 동전을 던져 앞면이 나오면 부채가 모두 면제되지만, 뒷면이 나오면 부채는 그대로다.

질문1에서는 '**선택지 A**'를 택하는 사람이 압도적으로 많았고, **질문2**에서는 '**선택지 B**'를 택하는 사람이 많았다. 이 결과가 의미하는 것은 무엇일까?

인간은 이익이 눈앞에 보일 때, 이익을 손에 넣지 못하는 위험을 회피하려고 하고, 손실을 눈앞에 두게 되면 손실을 회피하고 싶은 심리가 있다. 즉 질문1에서는 100%의 확률로 확실하게 100만 엔이라도 손에 넣겠다는 사람이 많았다는 의미이고, 질문2에서는 확률은 50%이지만 부채를 모두 면제 받을 수 있는 쪽을 선택하는 사람이 많았다는 의미이다.

학습평가

01 다음 단어의 읽는 법을 써 보세요.

① 講談社 _____

② 取締役 _____

③ 集英社 _____

④ 元暴走族総長 _____

⑤ 小学館 _____

⑥ 闇金融 _____

⑦ 裏経済 _____

⑧ 利回り _____

⑨ 利益 _____

⑩ 損害 _____

⑪ 手塚治虫 _____

⑫ 負債 _____

02 다음 중 일본의 경제를 배울 수 있는 만화에 대한 설명 중 틀린 것을 고르세요.

① '島耕作しまこうさく'는 일본 직장인의 모습을 잘 보여 주고 있으며 당대에 이슈가 된 경제 정보를 확인할 수 있다.

② '闇金やみきんウシジマくん'에서는 'トイチ'는 하루에 1할의 금리, 'トゴ'는 하루에 5할의 금리라는 뜻이다.

③ 'インベスターZ'에는 경제의 기본 개념 등 학문적인 내용도 많이 다루고 있다.

④ 'キングダム'는 벤처 경영자에게 인기가 높은 만화책이다.

Unit 09

1부 チケットをとってくれる?

티켓을 끊어 줄래?

2부 お笑い芸人

코미디 예능인

주요 학습 내용

1부

1. 회화: チケットをとってくれる?
2. 주요 표현
3. 심화학습: '주고받음'의 정중한 표현
4. 학습평가

2부

1. 일본 코미디 예능의 화법
2. 일본 유명 예능인 아카시야 삼마
3. 생각해 보기
4. 학습평가

학습 목표

- 일본의 코미디 예능에 관한 대화를 이해하고 코미디 공연 라이브의 티켓을 부탁하는 표현을 구사할 수 있다.
- '주고받음'을 나타내는 あげる, くれる, もらう의 용법을 파악할 수 있다.
- 일본 코미디 예능에서 사용하는 화법의 특징을 이해할 수 있다.

チケットをとってくれる?

티켓을 끊어 줄래?

 포인트　일본의 코미디 예능에 대해 이야기를 나누고 라이브 공연 티켓을
부탁하는 표현을 학습합니다.

회화 🎧 Track 25

陽子 (ようこ) この記事 (きじ) おもしろいよ。お笑 (わら) い芸人 (げいにん) の特集 (とくしゅう)。

金漢 (キムハン) あ、明石家 (あかしや) さんまだ。

陽子 (ようこ) ハンちゃん、よく知 (し) っているね。

金漢 (キムハン) ツッコミのセンスが抜群 (ばつぐん) だって、同僚 (どうりょう) の野村 (のむら) さんに教 (おし) えてもらったんだ。
日本 (にほん) のお笑 (わら) いライブに一度 (いちど) 行 (い) ってみたいな。

陽子 (ようこ) じゃ、行 (い) く? チケットぴあのアカウント持 (も) っているから、チケットを
とってあげるよ。
(携帯 (けいたい) でお笑 (わら) いライブを検索 (けんさく) する) これ、おもしろそうじゃない?

金漢 (キムハン) いいね! 今週末 (こんしゅうまつ) のチケットをとってくれる?

陽子 (ようこ) いいよ。その代 (か) わり夕飯 (ゆうはん) おごってね。

 단어 및 표현 🎧 Track 26

- 記事 (きじ) 기사
- お笑 (わら) い芸人 (げいにん) 코디미 예능인
- 特集 (とくしゅう) 특집
- ツッコミ 츳코미. 파고듦(만담 등에서
우스꽝스러운 말이나 행동을 하는 상대방에
게 지적하는 것)
- センス 센스
- 抜群 (ばつぐん) 발군, 매우 뛰어남
- 同僚 (どうりょう) 동료
- 教 (おし) える 가르치다
- お笑 (わら) いライブ 코미디 라이브 공연
- 一度 (いちど) 한 번
- チケットぴあ 티켓피아(일본의 티켓
예매 사이트)
- アカウント 계정
- 持 (も) っている 가지고 있다
- チケットをとる 티켓을 사다
- 検索 (けんさく) 검색
- 今週末 (こんしゅうまつ) 이번 주말
- その代 (か) わり 그 대신
- 夕飯 (ゆうはん) 저녁밥
- おごる 한턱내다

주요 표현

① ツッコミのセンスが抜群(ばつぐん)だって、同僚(どうりょう)の野村(のむら)さんに教(おし)えてもらったんだ

츳코미의 센스가 매우 뛰어나다고 동료인 노무라 씨가 가르쳐줬어

- 抜群(ばつぐん)だって：～って　（~라고, ~라는）

  인용하는 내용, 혹은 문장 뒤에 붙어「と」혹은「という」의 의미로 사용되며, 주로 친한 사이에서 사용한다.

- 教(おし)えてもらったんだ：～てもらう　（직역: '~해 받다'）

  - AはBに(から) ～をもらう：A는 B에게(~로부터) ~을 받다

    예 金(キム)さんは鈴木(すずき)さんにチョコレートをもらいました。

    김 씨는 스즈키 씨에게 초콜릿을 받았어요.

  - AはBに(から) ～てもらう：A는 B에게 ~해 받다 (주로 받는 쪽에게 이익이 될 때 사용)

    예 私(わたし)は朴先生(パクせんせい)に日本語(にほんご)を教(おし)えてもらった。 나는 박 선생님에게서 일본어를 가르쳐 받았다.

    (=박 선생님은 나에게 일본어를 가르쳐 주었다.)

② チケットをとってあげるよ　티켓을 끊어 줄게

- チケットをとってあげる：～てあげる　~해 주다

  - AはBに ～をあげる：A는 B에게 ~를 주다

    '내'가 '타인'에게 주거나 '타인'이 '타인'에게 줄 때 사용한다.

    예 私(わたし)は母(はは)にプレゼントをあげました。 나는 엄마에게 선물을 주었습니다.

  - AはBに ～てあげる：A는 B에게 ~해 주다

    '내가 다른 사람에게' 혹은 '다른 사람이 다른 사람에게 ~를 해 주다'의 의미로, 동작의 내용은 받는 사람에게 이익이 되는 경우가 많다.

    예 私(わたし)は智美(ともみ)にパソコンを貸(か)してあげた。 나는 도모미에게 컴퓨터를 빌려주었다.

  > **참고**
  >
  > ～てあげる는 자신이 타인에게 은혜를 베푼다는 느낌이 강해 손윗사람에게 쓸 때는 주의가 필요
  >
  > 鈴木(すずき)さん、カバンを持(も)ってあげますね。
  >
  > → 鈴木(すずき)さん、カバンを持(も)ちましょうか。/ お持(も)ちしましょうか。（○）

3 今週末のチケットをとってくれる？ 이번 주말 티켓을 끊어 줄래?

- とってくれる : ～てくれる　~해 주다

  - AはBに ～をくれる : A는 B(나)에게 ~를 주다

  '타인'이 '나 혹은 나의 가족이나 동료'에게 줄 때 사용한다.

  예 野村さんは私にプレゼントをくれました。 노무라 씨는 나에게 선물을 주었습니다.

  - AはBに ～てくれる : A는 B(나)에게 ~해 주다

  예 野村さんは私に漫画を買ってくれました。 노무라 씨는 나에게 만화를 사 주었습니다.

  참고

  ～てもらう와 ～てくれる

  받는 사람과 주는 사람의 위치를 맞바꿔 문장을 바꿔 쓸 수 있다. 단, 타인(3인칭)끼리 행위를
  주고받는 경우에는 바꿔 쓸 수 없다. (타인끼리 주고 받는 경우: ～てもらう ⇄ ～てあげる)

  ① 母 → 私　服を買う。
      母は私に服を買ってくれた。　　　　　　엄마는 나에게 옷을 사 주었다.
      私は母に服を買ってもらった。　　　　　나는 엄마에게 옷을 사 받았다. (직역)

  ② 智子 → 私　課題を手伝う。(私가 생략되는 경우도 많음)
      智子が課題を手伝ってくれました。　　도모코가 과제를 도와 주었습니다.
      智子に課題を手伝ってもらいました。　도모코에게 과제를 도와 받았습니다. (직역)

  ③ 陽子 → 金漢　チケットをとる
      金漢は陽子にライブのチケットをとってもらいます。
      김한은 요코에게 라이브의 티켓을 끊어 받았습니다. (직역)
      陽子は金漢にライブのチケットをとってあげます。
      요코는 김한에게 라이브의 티켓을 끊어 주었습니다.

4 その代わり夕飯おごってね 그 대신 저녁밥 사!

- おごってね : ～てね(~해)

  て형으로 맺는 표현은 가벼운 명령형으로 뒤에 종조사 ね를 붙이면 완곡한 뉘앙스가 된다.
  '밥을 사다'는 표현은 「ご飯を買う」라고 하지 않고 「おごる 한턱내다」, 「ご馳走する 대접하
  다」를 쓴다.

  예 これは私のおごりね。 이건 내가 사는 거야.
      今度は私がご馳走します。 다음에는 제가 대접하겠습니다.

128

심화학습

* '주고받음'의 경어 표현

(1) あげる 주다 – さしあげる 드리다

예 私は田中先生にペンをさしあげた。 나는 다나카 선생님에게 펜을 드렸다.

私は田中先生にペンを貸してさしあげた。 나는 다나카 선생님께 펜을 빌려 드렸다.

단, ～てあげる와 마찬가지로 대화의 상대에게 직접 사용하지 않는다.

先生、ペンを貸してさしあげましょうか。 → 先生、ペンをお貸ししましょうか。

선생님, 펜을 빌려 드릴까요?

(2) くれる 주다 – くださる 주시다

예 鈴木先生は私に本をくださいました。 스즈키 선생님은 제게 책을 주셨습니다.

鈴木先生は私に推薦状を書いてくださいました。 스즈키 선생님은 제게 추천장을 써 주셨습니다.

(3) もらう 받다 – いただく (윗사람으로부터) 받다

예 私は鈴木先生に本をいただきました。 저는 스즈키 선생님께 책을 받았습니다.

私は鈴木先生に推薦状を書いていただきました。 저는 스즈키 선생님께 추천장을 써 받았습니다.

(=스즈키 선생님은 제게 추천장을 써 주셨습니다)

학습평가

01 다음 일본어의 읽기와 뜻을 써 보세요.

(1) お笑い芸人 _____   (2) 抜群 _____

(3) その代わり _____   (4) 同僚 _____

02 다음 (　) 안의 동사를 활용하여 적당한 표현을 쓰세요.

(1) 野村さんは私に漫画を (買う →   )。
　　노무라 씨는 나에게 만화를 사 주었습니다.

(2) 私は朴先生に日本語を (教える →   )。
　　나는 박 선생님에게서 일본어를 가르쳐 받았다. (=박 선생님은 나에게 일본어를 가르쳐 주었다.)

(3) 私は智美にパソコンを (貸す →   )。
　　나는 도모미에게 컴퓨터를 빌려 주었다.

(4) 智子が課題を (手伝う →   )。
　　도모코가 과제를 도와주었습니다.

03 음성을 듣고 다음 (　) 안에 적당한 표현을 써 넣으세요. 🎧 Track 27

陽子 : この記事面白いよ。お笑い芸人の特集。

金漢 : あ、明石家さんまだ。

陽子 : ハンちゃん、よく (잘 알고 있네 →   )。

金漢 : ツッコミのセンスが抜群だって、同僚の野村さんに (가르쳐 받았어 →

)。日本のお笑いライブに一度 (가 보고 싶다 →   ) な。

陽子 : じゃ、行く？チケットぴあのアカウント持ってるから、チケットを (끊어 주다 →

)よ。これ、(재미있을 것 같지 않아? / 재미있어 보이지 않아? →

)？

金漢 : いいね！今週末の (티켓을 끊어 줄래? →   )？

陽子 : いいよ。その代わり (저녁밥 사 →   ) ね。

2부

お笑い芸人
わら げいにん

코미디 예능인

포인트 일본 코미디 예능에서 사용하는 화법을 이해할 수 있습니다.

KEY WORD

일본 코미디 예능의 화법 : 日本お笑い芸能の話術
일본 유명 예능인 아카시야 삼마 : 日本の有名な芸能人あかしやさんま

일본 문화 속의 일본어

✤ 츳코미와 보케란 무엇인가요?

츳코미(突込みツッコミ)는 '파고듦, 파헤침'이라는 뜻으로, 코미디(お笑わらい), 특히 만담(漫才まんざい)에서 이야기를 진행하는 역할(役割やくわり)이다. 우리 식으로 해석하면 '핀잔을 주다, 지적하다, 갈구다, 태클 걸다'라는 표현으로 대체 가능하다.

보케(呆けぼけ)는 '멍청함'을 뜻하는 말로, 만담에서 우스꽝스러운 역할을 하는 사람이다. 츳코미 역할을 하는 사람이 보케 역할을 하는 사람에게 잘못을 지적해서 웃음을 유발하는 것이다. 이 외에도 자기자신에 대해 츳코미하는 스타일의 노리츳코미(ノリツッコミ)라는 것도 있다. 상대방 보케의 내용을 흘려들어 공감한 것처럼 이야기를 진행하다 정신을 차린 듯 츳코미를 넣는 것이다.

츳코미를 하는 행위를 '츳코미를 넣다(ツッコミを入いれる)'라고 한다.

✤ 오치란 무엇인가요?

라쿠고(落語らくご)는 일본 전통 복장을 한 연기자가 방석(座布団ざぶとん) 위에서 정좌(正座せいざ)하고 앉아서 청중 앞에서 해학적인 이야기를 하는 일본의 전통 예능이다.

부채(扇子せんす)나 수건(手拭てぬぐい)을 소도구로 사용하여 재미있는 얼굴 표정(表情ひょうじょう)과 몸짓 손짓으로(身振みぶり手振てぶりで) 연기한다. 특히 이야기의 끝(終おわり)의 기지(機知きち) 넘치는 화제와 재치(洒落しゃれ)로 끝맺는 부분을 오치(落おち)라고 한다.

❀ 다자레란 무엇인가요?

　다자레(駄洒落だじゃれ)는 발음이 비슷한 여러 표현을 섞어서 만들어낸 일종의 언어유희이다. 한국식으로 말하면 말장난, 아재 개그 등으로 대체할 수 있다.

　원래 '샤레(洒落しゃれ)'는 말의 일부 모음과 억양이 같은 단어, 모음이 같은 단어, 동음이의어 등을 맞히는 것이다. 언어유희인 '洒落しゃれ'는 지식과 교양을 나타내는 재치 있는 문화였지만, 그 가치를 인정하지 않는 대항문화(カウンターカルチャー)로부터 야유를 받아 '시시한, 변변치 않은, 엉터리' 등의 뜻을 나타내는 접두어 '駄だ'가 덧붙여졌다. 洒落しゃれ 문화가 없어지면서 이를 문화로 인정하지 않은 젊은이들(若者わかもの)로부터 '아재 개그(オヤジギャグ)'로 불리기도 한다.

예

1) 같은 읽기를 가진 단어를 이용한 것

　　토이레니잇토이레　(トイレにいっといれ。화장실 다녀와.)

2) 비슷한 소리를 가진 단어를 이용한 것

　　후톤가훗톤다　(布団が吹っ飛んだ。이불이 날아갔다.)

3) 일본어를 영어로 바꾼 것

　　혼가북쿠북쿠토시즈무　(本がブックブックと沈む。책이 보글보글하고 가라앉는다.)
　　부사 '부쿠부쿠(보글보글)'와 책을 영어로 표현한 '북쿠(book)'가 연속되는 말 장난

相撲＋王 : smo＋king

이미지로 보는 일본 문화

일본 유명 예능인 아카시야 삼마(**明石家さんま**)

1) 아카시야 삼마(明石家さんま)   아카시야 삼마(あかしやさんま, 1955년생)는 일본의 유명 코미디 탤런트(お笑わらいタレント)이자 사회자(司会者しかいしゃ), 배우(俳優はいゆう), 라디오 DJ(ラジオパーソナリティー)이다. 본명은 스기모토 타카후미(杉本高文すぎもとたかふみ)이며 와카야마현(和歌山県わかやまけん)에서 출생했다. 원래는 라쿠고가(만담가, 落語家らくごか)를 지망해 쇼후쿠테마쓰노스케(笑福亭松之助しょうふくていまつのすけ)의 2대 제자가 되어 '쇼후쿠테삼마(笑福亭しょうふくていさんま)'라는

예명으로 데뷔했지만, 스승의 추천으로 코미디 탤런트로 전향했다. 1970년대 후반부터 현재까지 일본 예능계의 일선에서 꾸준히 활약하고 있으며, 다모리(タモリ), 비토타케시(ビートたけし)와 나란히 일본의 국민적 코미디 스타 빅3 중 한 명으로 꼽힌다.

2) 삼마의 리액션   그는 순간적인 애드리브가 뛰어나다. 언제나 오버리액션(オーバーリアクション)으로, 재미없는(つまらない) 이야기나 자랑(自慢話じまんばなし)에도 끝까지 달라붙어 대화를 이끌어 간다. 시시한 이야기에도 바로바로 반응해 주고 분위기를 띄우기(盛もり上あげる) 때문에, 말하는 사람 입장에서는 자신의 이야기를 경청하고 있다는 생각에 즐거워한다.

   삼마는 진지한 이야기보다 과장스러운 이야기를 즐긴다. 예를 들면 연배가 있는 여배우에게 "세월이 가도 예쁘시네요." 하고 칭찬한 뒤 곧바로 "저와 결혼해 주세요!"라고 한다든가, 주식으로 돈을 벌어 세금을 많이 냈다고 자랑하는 사람에게 "아버지라고 불러도 돼요? 양자(養子ょうし) 삼아 줘요."라고 애드리브를 치는 식이다. 또, 머리숱이 없어 인기가 없다고 푸념하는 사람에게 "뻐드렁니(出でっ歯は)도 힘들어. 키스할 때 부딪혀(あたる)."라며 자신의 외모를 소재 삼아 받아친다.

3) 삼마의 유머   삼마의 되받아치는 화법이 유달리 재미있게 느껴지는 이유는, 연상(連想れんそう)되는 츳코미(ツッコミ)를 잘 치기 때문이다.

   일례로 한 중견 배우가 토크쇼에 나와서 골프(ゴルフ)에서 홀인원(ホールインワン)이 나왔다고 자랑을 했다. 그런데 토크(トーク)가 반전(オチ)도 없이 시시하게 끝나자 다음과 같이 츳코미를 넣었다(ツッコミを入いれた).
   "골프는 홀인원일지 몰라도 토크는 OB입니다." (OB: 코스를 벗어난 ┼역을 뜻함.)
   이처럼 삼마의 화법에는 되받아치는 힘(切きり返かえす力ちから)과 연상(連想れんそう)되는 주제로 화제를 확장시키는 기술이 있다.

생각해 보기

● 핀예능인이란 어떤 것인지 알아 보세요.

> 핀예능인(ピン芸人げいにん)이란 혼자서 활동하는 예능인을 가리킨다. 콤비(コンビ)나 그룹에 속하지 않고 혼자서 활동하는 코미디 예능인(お笑わらい芸人げいにん)이나 만담가, 혼자 콩트를 연기하는 코미디언(コメディアン) 등을 가리킨다. 일본에서는 혼자서 코미디 예능 활동을 하는 사람은 많지 않고, 주로 콤비나 그룹을 결성한다. 그러나 상대 멤버(メンバー)가 활동을 그만두거나 배우로 전향하게 되어 혼자 활동하게 되면서 핀연예인이 되는 경우가 많다.
>
> 혼자서 활동하기 때문에 아이디어로 승부하는 장르이며, 화술이나 그림과 같은 재능을 겸비하면 더욱 유리하다. 1인 콩트(一人ひとりコント)로 유명한 예능인으로는 진나이 토모노리(陣内智則じんないとものり)가 있다.

학습평가

01 다음 단어의 읽는 법을 써 보세요.

① 漫才	_____	② 役割	_____
③ 俳優	_____	④ 身振り手振り	_____
⑤ 布団	_____	⑥ 扇子	_____
⑦ 手拭い	_____	⑧ 駄洒落	_____
⑨ 自慢話	_____	⑩ 愚痴	_____
⑪ 連想	_____	⑫ 芸人	_____

02 일본 코미디(お笑い) 화법에 대한 설명 중 틀린 것을 고르세요.

① 츳코미(突込みツッコミ)는 보케 역할을 하는 사람에게 잘못을 지적해서 웃음을 유발하는 것이다.

② 보케(呆けぼけ)는 '멍청함'을 뜻하는 말로, 만담에서 우스꽝스러운 역할을 하는 사람이다.

③ 이야기의 끝(終おわり)을 기지(機知きち) 넘치는 화제와 재치(洒落しゃれ)로 끝맺는 것을 라쿠고(落語らくご)라고 한다.

④ 다자레(駄洒落だじゃれ)는 발음이 비슷한 여러 표현을 섞어서 만들어낸 일종의 말장난이다.

Unit 10

1부 だまされないように！

사기당하지 않도록!

2부 スミッシング詐欺(さぎ)

스미싱 사기

학습 목표

• 스미싱 사기에 대한 대화를 이해할 수 있다.
• 일본어의 수동 표현의 형태와 용법을 파악할 수 있다.
• 일본의 범죄 수법의 변화에 대해 이해한다.

1부 だまされないように！

사기당하지 않도록!

 포인트 스미싱 사기를 당한 지인에 대해 이야기를 나누는 표현을 학습합니다.

회화 🎧 Track 28

金漢（キムハン） この間、智美から変なメール届いていなかった？

陽子（ようこ） そうそう！ びっくりした。
あれ、智美が送ったんじゃなくて、個人情報を盗まれてアドレスが使われたんだって。

金漢（キムハン） 最近増えてきたスミッシングという詐欺だよね。

陽子（ようこ） 智美に見せてもらったんだけど、グーグルのロゴが使われていたの。

金漢（キムハン） だから何の疑いもなく個人情報を入力しちゃったのか…。

陽子（ようこ） 私も気をつけないと。知らないアドレスからメールが来たら、そこに書かれているURLはクリックしないことね。

金漢（キムハン） そう。だまされないように！

 단어 및 표현 🎧 Track 29

- この間（あいだ）요전에, 며칠 전에
- 変（へん）だ 이상하다
- 届（とど）く 닿다, 도달하다, 미치다
- びっくりする 깜짝 놀라다
- 送（おく）る 보내다, 부치다
- 個人（こじん）情報（じょうほう）개인 정보
- 盗（ぬす）む 훔치다
- アドレス 어드레스, 메일 주소
- 使（つか）う 사용하다
- 最近（さいきん）최근
- 増（ふ）える 증가하다
- スミッシング詐欺（さぎ）스미싱 사기
- グーグルのロゴ 구글 로고
- 疑（うたが）い 의심, 의문점
- 入力（にゅうりょく）입력
- 気（き）をつける 주의하다
- 知（し）る 알다
- クリックする 클릭하다
- だます 속이다

주요 표현

① **この間、智美から変なメール届いていなかった？**

며칠 전에 도모미로부터 이상한 메일 오지 않았어?

- (〜から) 〜が届く ~로부터 ~이/가 도착하다, 도달하다

  例 母から手紙が届いていた。 어머니로부터 편지가 도착해 있었다.
  私の気持ちは届いているのかな。 내 기분은 전달되고 있는 걸까?

  참고

  〜が届く / 〜を届ける

  例 荷物が届く。 짐이 도착하다 荷物を届ける。 짐을 보내다/전달하다

② **個人情報を盗まれてアドレスが使われたんだって**

개인 정보를 도난당해 메일 주소가 사용되었다고 해

- 盗まれて・使われた : 수동 표현

  - 동사의 수동형 활용

1그룹 동사	기본형 う단을 あ단으로 바꾸고「れる」를 붙임 盗む → ぬすま + れる → 盗まれる 使う → つかわ + れる → 使われる
2그룹 동사	동사의 어미 る를 떼고「られる」를 붙인다. 見る → 見られる 教える → 教えられる
3그룹 동사	する → される 来る → こられる

  * 2그룹, 3그룹 동사의 来る는 가능형과 형태가 동일하다

- 盗まれて : 盗む(훔치다)의 수동 표현 '훔침을 당해서', '도둑맞아서'의 의미

  (犯人が) 個人情報を盗む。 → (犯人に) 個人情報を盗まれる。

  (범인이) 개인 정보를 훔치다 → (범인으로부터) 개인 정보를 도난당하다.

- 使われた : 使う(사용하다)의 수동 표현 '사용함을 당했다', '사용되었다'의 의미

  (犯人が) アドレスを使った。 → (犯人に) アドレスを使われた。

  (범인이) 주소를 사용했다 → (범인으로부터) 주소를 도용당했다.

③ 智美に見せてもらったんだけど、グーグルのロゴが使われていたの
도모미가 보여 줘서 봤는데, 구글 로고가 사용되었어

- 見せてもらう：みせる(보여 주다) ＋ てもらう (~해 받다)

  직역하면 '도모미에게 보여 줌을 해 받다'의 의미이다. 〜てもらう는 한국어로 직역하면 부자연스럽기 때문에 보여 준 도모미를 주어로 바꾸어 '도모미가 ~해 주었다'라고 해석한다.

  예 教科書を忘れて、隣の人に見せてもらった。교과서를 잊어서 옆 사람에게 보여 줌을 받았다.

  (= 교과서를 잊어서 옆 사람이 보여 주었다.)

  > **참고**

  見てもらう：みる(보다) ＋ てもらう(받다)

  見せてもらう는 타인이 보여 줘서 '내가' 본다는 의미
  見てもらう는 나를 위해 '다른 사람이' 본다는 의미

  예 上司に報告書を見てもらった。상사에게 보고서를 봐 받았다.

  (= 상사가 보고서를 봐 주었다 / 검토·체크해 주었다).

④ 私も気をつけないと 나도 조심하지 않으면 안 되겠다

- 気をつけないと：조심해야지

  気をつける ＋ ないと (뒤에 「いけない」 혹은 「ならない」가 생략)

  ないとならない (いけない)：'~하지 않으면 안 된다'는 회화에서 종종 「〜ないと」, 「〜なくちゃ」, 「〜なきゃ」 등으로 뒷말이 생략되어 사용된다. 한국어로는 '~해야지', '~해야겠다' 등으로 해석하면 자연스럽다.

  예 ダイエットしなきゃ。다이어트해야지.　　薬を飲まなくちゃ。약 먹어야지.

⑤ そこに書かれているURLはクリックしないことね

거기 적혀 있는 URL은 클릭하지 않는 게 좋겠어

- 書かれている : 적혀 있다.

  書く → かか + れる (수동) + ている (상태)

  (誰かが) そこにURLを書く (→ 誰かによってそこにURLが書かれている)

  (누군가가) 거기에 URL을 적다 (→ 누군가에 의해 거기에 URL이 적혀 있다)

- ことね : ~하는 것이 상책이다, ~해야 한다

  문장 끝에 ことだ・ことよ・ことね 등으로 사용되어 화자의 판단에 근거한 진언이나 충고를 나타낸다.

  예 入院を機にゆっくり休むことだ。 입원을 계기로 푹 쉬는 게 좋다.

⑥ だまされないように！ 사기당하지 않도록(속지 않도록)!

- だます (속이다) → だまされる 속임을 당하다

  예 (犯人が私を) だます。 → (犯人に) だまされる。

  (범인이 나를) 속이다.　　　　　(범인에게) 속다.

- 동사 + ように : ~있도록, ~하도록

  예 誰にでもわかるように、やさしく説明をした。 누구에게라도 알 수 있도록 쉽게 설명을 했다.

- 동사의 부정형 ない + ように : ~(하)지 않도록

  예 時間に遅れないように家を出た。 시간에 늦지 않도록 집을 나왔다.

심화학습

(1) 주요 동사의 수동형 활용

기본형	수동형
言<ruby>う</ruby> 말하다	いわれる 듣다, 일컬어지다
怒る 화내다	おこられる 야단맞다
踏む 밟다	ふまれる 밟히다(피해의 수동)
書く 쓰다, 적다	かかれる 쓰이다, 적히다
叱る 꾸짖다	しかられる 꾸중듣다, 혼나다
取る 잡다, 취하다	とられる 빼앗기다, 잃다
死ぬ 죽다	しなれる 죽음 당하다, 죽다(피해의 수동)
泣く 울다	なかれる 울음 당하다, 울다(피해의 수동)
頼む 부탁하다	たのまれる 부탁 받다
盗む 훔치다	ぬすまれる 도난당하다
読む 읽다	よまれる 읽히다
払う 지불하다	はらわれる 지불되다
帰る 돌아가다/돌아오다	かえられる 돌아가(오)게 되다
なぐる 때리다	なぐられる 얻어맞다, 구타당하다
切る 자르다	きられる 잘리다
誘う 꾀다, 권유하다	さそわれる 권유받다, 초대되다
呼ぶ 부르다	よばれる 불리다
押す 누르다	おされる 눌리다
作る 만들다	つくられる 만들어지다
壊す 부수다	こわされる 부서지다, 헐리다
見る 보다	みられる 보이다
ほめる 칭찬하다	ほめられる 칭찬받다
教える 가르치다	おしえられる 배우다
建る 세우다	たてられる 세워지다, 건립되다
捨てる 버리다	すてられる 버림받다
来る 오다	こられる (남의) 방문을 받다(피해의 수동)
する 하다	される ~되다, 당하다

(2) 수동문의 구조

田中先生は 私を ほめました。 다나카 선생님은 나를 칭찬했습니다.

→ 私は 田中先生 [に] ほめられました。 나는 다나카 선생님에게 칭찬 받았습니다.

母は 弟を 叱りました。 엄마는 남동생을 혼냈습니다.

→ 弟は 母 [に] 叱られました。 남동생은 엄마에게 혼났습니다.

どろぼうが 私のスマホを 盗みました。 도둑이 내 스마트폰을 훔쳤습니다.

→ （私は） どろぼう [に] スマホ [を] 盗まれました。 도둑에게 스마트폰을 도둑맞았어요.

(3) 피해의 수동

수동문의 주어가 어떤 사건으로부터 간접적으로 영향을 받는 것을 나타내는 용법이다. 주어에 불리한 상황이나 피해가 되는 상황을 나타내는 경우가 많아 '피해의 수동'이라 한다.

예 雨に降られてぬれてしまいました。 비를 맞아 젖어버렸습니다.

赤ちゃんに泣かれて眠れませんでした。 아기가 울어서 잠을 잘 수 없었습니다.

昨日友だちに来られて勉強できませんでした。 어제 친구가 와서 공부할 수 없었습니다.

(4) 무생물 주어의 수동

사람이나 동물 이외의 주어(불특정 다수)와 관련된 수동 표현이 있다.

예 卒業試験は12月に行われる。 졸업시험은 12월에 행해진다.

この本は世界中の人に読まれています。 이 책은 전 세계 사람들에게 읽히고 있습니다.

彼は個性派俳優として知られています。 그는 개성파 배우로 알려져 있습니다.

학습평가

01 다음 일본어의 읽기와 뜻을 써 보세요.

(1) この間 _____   (2) 個人情報 _____

(3) びっくりする _____   (4) 何の疑いもなく _____

02 다음 (   ) 안의 동사를 활용하여 적당한 표현을 쓰세요.

(1) 私は田中先生に (ほめる → _____)。
나는 다나카 선생님에게 칭찬 받았습니다.

(2) 雨に (降る → _____) ぬれてしまいました。
비를 맞아 젖어버렸습니다.

(3) 昨日友だちに (来る → _____) 勉強できませんでした。
어제 친구가 와서 공부할 수 없었습니다.

(4) この本は世界中の人に (読む → _____)。
이 책은 전 세계 사람들에게 읽히고 있습니다.

03 음성을 듣고 다음 (   ) 안에 적당한 표현을 써 넣으세요. 🎧 Track 30

金漢 : この間、智美から変な (메일 도착 안 했어? → _____)?

陽子 : そうそう！びっくりした。あれ、智美が送ったんじゃなくて、個人情報を

(도둑맞아서 → _____) アドレスが

(사용되었다고 해 → _____)。

金漢 : 最近増えてきた (스미싱이라는 사기 → _____) だよね。

陽子 : 智美に (보여 줬다 → _____) んだけど、グーグルのロゴが使われていたの。

金漢 : だから何の疑いもなく個人情報を (입력해 버렸다 → _____) のか…。

陽子 : 私も (조심해야겠다 → _____)。知らないアドレスからメールが

来たら、そこに (쓰여 있는 → _____) URLはクリックしないことね。

金漢 : そう。だまされ (~(하)지 않도록 → _____)！

2부 スミッシング詐欺<ruby>詐欺<rt>さ ぎ</rt></ruby>

스미싱 사기

포인트 일본의 범죄 수법의 변화를 알 수 있습니다.

KEY WORD

일본의 범죄 : 日本の犯罪
스미싱 사기 : スミッシング詐欺

일본 문화 속의 일본어

❀ 경시청(警視庁けいしちょう)은 어떤 곳인가요?

일본 도쿄도(東京都とうきょうと)를 관할하는 경찰 조직 및 본부의 명칭이다. 도쿄도 내를 10개로 나눈 방면본부(方面本部ほうめんほんぶ) 와 102개의 경찰서(警察署けいさつしょ)를 배치하고 있으며 소속 경찰관은 4만 명이 넘는 대규모 경찰 조직이다.

❀ 스미싱 사기(スミッシング詐欺さぎ)란 무엇인가요?

스미싱(Smishing, スミッシング) 또는 SMS피싱(SMS phishing, フィッシング)이란, SMS를 이용한 사기의 일종이다. 휴대 전화, 휴대 단말기 등에 사용되는 SMS에 은행(銀行ぎんこう), 기업(企業きぎょう) 등을 사칭해 메시지를 보내고 특정 사이트로 유도(誘導ゆうどう)하여 돈을 빼내는 금융 사기 수법(手法しゅほう)을 가리킨다.

❀ 구글(グーグル)은 어떤 곳인가요?

구글(Google, グーグル)은 인터넷 관련 서비스와 제품에 특화한 미국의 다국적 테크놀로지 기업이다. 검색 엔진, 온라인 광고, 클라우드 컴퓨팅, 소프트웨어, 하드웨어 관련 기업이다. '구글'은 우연한 실수로 만들어진 이름이다. 사실 구글의 창업자들이 애초에 사용하고자 했던

이름은 10의 100제곱(10の100乗じょう)을 뜻하는 단어 '구골(GooGol)'이었다. 즉 1뒤에 0이 100개 달린 수를 뜻한다. 천문학적 숫자인 구골만큼 방대한 정보를 담은 거대한 검색 엔진을 만들겠다는 의도를 담은 것이다.

❀ 애플(アップル)은 어떤 곳인가요?

애플(Apple Inc., アップル)은 미국 캘리포니아주에 본사를 둔, 인터넷 관련 제품과 디지털 가전제품 및 관련 소프트웨어를 개발, 판매하는 다국적 기업(多国籍企業たこくせききぎょう)이다.

이미지로 보는 일본 문화

일본의 범죄(犯罪はんざい) 스미싱 사기

1) 개요　일본에서 위조 사이트를 통한 스미싱(スミッシング) 사기가 급증(急増きゅうぞう)하고 있다. 최근에도 사기(詐欺さぎ) 등의 혐의(疑うたがい)로 경시청(警視庁けいしちょう)에 체포(逮捕たいほ)된 남자가 있었다. 그가 범죄(犯罪はんざい)에 사용한 것은 구글(グーグル)을 사칭한 위조 사이트(偽にせのサイト)였다.

2) 스미싱 사기 수법　신용 카드(クレジットカード) 정보 등의 개인 정보(個人情報こじんじょうほう)가 유출된(盗ぬすまれた) 회사원 여성 A씨는 당시 구글 로고를 보고 아무런 의심도 하지 못했다고 피해 순간을 회상했다. 경시청에 체포된 용의자(容疑者ようぎしゃ)는 유출된 개인 정보를 이용해 1000여 명으로부터 2000만 엔 이상을 사취했다(騙だまし取とった)는 것이다.

스미싱의 수법(手口てぐち)은 다음과 같은 방식으로 이루어졌다. 용의자는 피해자(被害者ひがいしゃ)인 A씨에게 단문 메시지 서비스(SMS, ショートメッセージサービス)를 보냈다. 거기에 쓰인 URL을 클릭(클릭)하게 해서 위조 사이트로 유도하고, 개인 정보를 입력하게 하는 구조(仕組しくみ)이다. 이같이 유도한 사이트에는 어떤 함정(罠わな)이 있다. 항상 보는 구글 로고이기 때문에 '지불(支払しはらい) 등록을 해 주세요.'라는 메시지에 A씨는 아무런 의심없이 자신의 신용 카드 번호를 등록해 버린 것이다.

A씨는 자신의 본명(本名ほんみょう)과 신용 카드 번호, 생년월일(生年月日せいねんがっぴ)을 입력했다. 구글 로고만 보고 수상하다는 생각을 하지 못했다고 한다. 이와 관련해 거리의 시민들에게 물어보았다. 대부분의 사람들이 글로벌 기업인 구글의 로고를 보면 신뢰할 수밖에 없게 된다고 대답했다.

수개월 간 동일한 수법의 피해는 계속 늘어나고 있다(増ふえ続つづけている). 그 가운데에서도 구글을 사칭한 사이트는 사이버 범죄자에게 매력적(魅力的みりょくてき)이라고 한다. 구글 계정에 입력된 개인 정보가 매우 많기 때문에 인증 정보를 훔침으로써 개인 정보를 모조리 입수할 수 있다(手てに入いれられる)는 것이다.

3) 스미싱 사기에 대한 대응　진짜(本物ほんもの)와 가짜(偽物にせもの) 사이트는 분간할 수 없을 정도로 매우 비슷하다.

그러면 진짜와 가짜를 어떻게 구분하면 하면 좋을까? URL을 살펴보는 것이 가장 좋다. 가짜 사이트에 표시된 URL을 자세히 보면, 구글과 전혀 상관없는 URL로 되어 있다. 또 다른 방법으로는 열쇠(鍵かぎ) 마크(マーク)를 확인하는 것이다. 열쇠 마크는 통신이 보호되고 있다는 표시이다. 그러나 최근에는 열쇠 마크도 위조되어 표시되는 경우가 있다. 더욱 교묘해져 가는 스미싱 사기에 각별한 주의가 필요한 실정이다.

생각해 보기

● 단문 메시지 서비스란 어떤 것인지 알아 보세요.

단문 메시지 서비스(ショートメッセージサービス Short Message Service, SMS)란 휴대 전화로 짧은 텍스트(문장)를 주고받을(送受信そうじゅしん) 수 있는 서비스를 말한다. 흔히 문자 메시지라고 한다. 영문 140자 이내 혹은 일본어 전각 문자 70자 이내로 발송이 가능하며 이를 초과하는 장문의 메시지나 그림 등의 멀티미디어 정보를 보낼 때는 MMS(Multimedia Messaging Service)를 이용할 수 있다.

학습평가

01 다음 단어의 읽는 법을 써 보세요.

① 警視庁　_____　② 詐欺　_____

③ 誘導　_____　④ 手法　_____

⑤ 逮捕　_____　⑥ 偽物　_____

⑦ 個人情報　_____　⑧ 容疑者　_____

⑨ 罠　_____　⑩ 仕組み　_____

⑪ 支払い　_____　⑫ 生年月日　_____

02 다음 중 일본의 스미싱 사기에 대한 설명으로 틀린 것을 고르세요.

① 최근 위조 사이트로 유도하는 스미싱 피해 사례가 늘어나고 있다.

② 소비자는 구글 로고를 보고 아무런 의심 없이 신뢰하는 경우가 많다.

③ 열쇠 마크로 위조 여부를 판단하는 것이 가장 확실한 방법이다.

④ 현재로서는 URL을 잘 살펴보는 것이 가짜 사이트를 구별하는 가장 좋은 방법이다.

Unit 11

 1부 転落させないため
てんらく
추락을 막기 위해

 2부 鉄道の安全対策
てつどう　　あんぜんたいさく
철도의 안전 대책

주요 학습 내용

1부

1. 회화: 転落させないため
てんらく
2. 주요 표현
3. 심화학습: 사역 표현 せる・させる
4. 학습평가

2부

1. 일본 철도의 안전 대책
2. 추락 방지 홈도어
3. 생각해 보기
4. 학습평가

학습 목표

• 전철역에서 역무원과 안전을 지켜 주는 홈도어(스크린 도어)에 대해 나누는 대화를
이해할 수 있다.
• 일본어의 사역 표현의 형태와 용법을 파악할 수 있다.
• 일본 철도의 안전 대책과 관련한 기술과 사회의 변화를 이해하는 능력을 키운다.

1부 転落させないため

てんらく

추락을 막기 위해

포인트 도쿄 전철역 플랫폼에서 홈도어(스크린 도어)에 대해 이야기를 나누는 대화를 학습합니다.

회화 🎧 Track 31

金漢 (キムハン) すみません。渋谷行きの電車はこのホームでいいですか。

駅員 (えきいん) はい、ここ、4番ホームです。

金漢 (キムハン) ありがとうございます。

アナウンス 「3番線に電車がまいります。」

「ホームドアから手や顔を出したり、もたれかかるのはおやめください。」

金漢 (キムハン) そういえば、東横線もホームドアを設置させているところですよね。

駅員 (えきいん) 転落防止に一番効果があるので、車両を変更させたりして進めています。

金漢 (キムハン) 転落させないためか。酔っぱらった人とかは本当に危ないですよね。

駅員 (えきいん) 気をつけてほしいんですけど、僕も上司に飲まされる場合があるので何ともいえないんですね。

金漢 (キムハン) そうですね。酔っぱらってもホームドアができたら安心ですね！

단어 및 표현 🎧 Track 32

- □ 渋谷しぶや行ゆき 시부야행
- □ 電車でんしゃ 전철
- □ ホーム 홈(전철 승강장)
- □ アナウンス (안내 방송)
- □ まいる 오다(行く・来る의 겸양 표현)
- □ ホームドア 스크린 도어
- □ もたれかかる 기대 서다
- □ おやめください 삼가 주세요
- □ そういえば 그러고 보니

- □ 東横線とうよこせん 도큐 철도회사의 토요코선
- □ 設置せっちする 설치하다
- □ ～ているところ ~하고 있는 참
- □ 転落てんらく防止ぼうし 추락 방지
- □ 効果こうか 효과
- □ 車両しゃりょう 차량
- □ 変更へんこうする 변경하다

- □ 進すすめる 진행하다
- □ 酔よっぱらう 술 취하다
- □ 本当ほんとうに 정말로
- □ 危あぶない 위험하다
- □ ～てほしい ~해 줬으면 하다
- □ 上司じょうし 상사
- □ 場合ばあい 경우, 사정, 케이스
- □ 安心あんしん 안심

주요 표현

① **3番線に電車がまいります** 3번 선(3번 홈)에 전철이 옵니다

일본의 전철역에서 전철이 들어올 때의 안내 방송 멘트

- まいる : 行く(가다)・来る(오다)의 정중한 표현

  ① 말하는 사람을 낮춰 이야기할 경우
  ② 듣는 사람을 대상으로 겸양의 뉘앙스를 담아 정중하게 말하는 경우에 사용

  예 ① 明日先生のお宅にまいります。 내일 선생님 댁에 가겠습니다.

  ② だんだん寒くなってまいりました。 점점 추워지고 있습니다.

② **ホームドアから手や顔を出したり、もたれかかるのはおやめください**
스크린 도어에서 손이나 얼굴을 내밀거나 기대 서는 것은 삼가 주세요

실제 일본의 지하철(메트로선)에서 방송되고 있는 스크린 도어 관련 안내 방송 멘트

- おやめください : お + やめる의 ます형 + ください
  그만두어 달라고 정중하게 부탁하는 표현이다.

③ **ホームドアを設置させているところですよね** 스크린 도어를 설치하게 하는 중이지요

- 設置させる : 設置する의 사역 표현

- 동사의 사역형 활용

1그룹 동사	기본형 う단을 あ단으로 바꾸고 「せる」를 붙인다.	
	飲む → のま + せる → 飲ませる	마시게 하다
	待つ → また + せる → 待たせる	기다리게 하다

2그룹 동사	동사의 어미 る를 떼고 「させる」를 붙인다.	
	食べる → 食べさせる	먹게 하다
	覚える → 覚えさせる	외우게 하다

3그룹 동사	する → させる 하게 하다	来る → 来させる 오게 하다

- ～ているところだ : (한참) ~하고 있는 참이다

  ところ는 공간적인 '장소'를 나타내는 명사나 시간적인 의미로도 파생되어 '추상적인 장소, 장면, 범위' 등을 나타내기도 한다.

  (예) **Q** 課題はもう出しましたか。 과제는 벌써 제출했어요?

  　　A いいえ、今やっているところです。 아니요, 지금 하는 중이에요.

  ▸ **참고**

  A : お昼はもう食べましたか。 점심은 벌써 먹었어요?
  B : いいえ、これから食べるところです。 아니요, 지금부터 먹으려고 해요.

  A : お昼はもう食べましたか。 점심은 벌써 먹었어요?
  B : はい、たった今食べたところです。 네, 지금 방금 먹었어요.

---

4 **車両を変更させたりして進めています** 차량을 변경시키거나 해서 (일을) 진행하고 있습니다

- 変更させたりして : 변경시키거나 해서

  変更する의 사역형　変更させる ＋ たりして(~하거나 해서)

  (예) 毎日ノートに漢字を書かせたり例文を覚えさせたりしています。
  매일 노트에 한자를 쓰게 하거나 예문을 외우게 하거나 하고 있습니다.

- 進めている : 진행하고 있다, 추진하고 있다

  進める : 앞 방향으로 전진시키거나 일을 진행시킬 때 사용하는 동사

  勧める(권하다), 奨める(추천하다) 와 구별할 것!

  (예) 工事を進める。 공사를 진행하다.　　会議を進める。 회의를 진행하다 .

---

5 **転落させないためか** 추락시키지 않기 위해서구나

- 転落させない : 추락시키지 않다

  転落する의 사역형　転落させる ＋ ない

- ため：① ~때문에(원인·이유) ② ~기 위해(목적)

  (예) ① 雪が降ったために、電車が止まった。 눈이 내렸기 때문에 전철이 멈췄다.
  ② 病気を治すために、薬を飲まなければならない。 병을 고치기 위해 약을 먹지 않으면 안 된다.
  安全のために、シートベルトをしめてください。 안전을 위해 안전벨트를 매 주세요.

6 気をつけてほしいですけど 조심해 줬으면 좋겠는데요

- ~てほしい：~해 줬으면 하다(상대방에게 자신이 희망하는 것을 전달하는 표현)

  – 동사 + てほしい

    (예) 図書館の中がうるさいです。静かにしてほしいです。
    도서관 안이 시끄럽습니다. 조용히 해 줬으면 합니다.
    私が作ったケーキを、みんなに食べてほしいです。 내가 만든 케이크를 모두 먹어 줬으면 해요.

  참고

  명사 + 가 ほしい：お金がほしい。 돈이 필요하다. (돈을 원한다.)

  　　　　　　　　食べ物がほしい。 음식이 필요하다. (음식을 원한다.)

7 僕も上司に飲まされる場合があるので 저도 상사 때문에 억지로 마시는 경우가 있어서

- 上司に飲まされる　상사로 인해(상사 때문에) 억지로 (술을) 마시다

  – 사역수동형 : 하고 싶지 않지만 어쩔 수 없이 ~하다

1그룹 동사	기본형 う단을 あ단으로 바꾸고「せられる」를 붙임 飲む → のませる + られる → 飲ませられる　축약형 飲まされる 待つ → またせる + られる → 待たせられる　축약형 待たされる *1그룹 동사의 기본형이 す로 끝나는 경우 축약형은 사용하지 않는다. 話す → はなせる + られる → 話せられる　축약형 話さされる（×）
2그룹 동사	동사의 어미 る를 떼고「させられる」를 붙인다. 食べる → 食べさせられる 覚える → 覚えさせられる
3그룹 동사	する → させられる　　来る → 来させられる

심화학습

(1) 주요 동사의 사역형 활용

기본형	사역형
聞^きく 듣다	聞^きかせる 들려주다, 듣게 하다
書^かく 쓰다	書^かかせる 쓰게 하다
言^いう 말하다	言^いわせる 말하게 하다
読^よむ 읽다	読^よませる 읽게 하다
飲^のむ 마시다	飲^のませる 마시게 하다
歌^{うた}う 노래하다	歌^{うた}わせる 노래하게 하다
働^{はたら}く 일하다	働^{はたら}かせる 일하게 하다
行^いく 가다	行^いかせる 가게 하다
泣^なく 울다	泣^なかせる 울리다, 울게 하다
待^まつ 기다리다	待^またせる 기다리게 하다
買^かう 사다	買^かわせる 사게 하다
帰^{かえ}る 돌아가다/오다	帰^{かえ}らせる 돌아가(오)게 하다
作^{つく}る 만들다	作^{つく}らせる 만들게 하다
覚^{おぼ}える 외우다	覚^{おぼ}えさせる 외우게 하다
見^みる 보다	見^みさせる 보게 하다
食^たべる 먹다	食^たべさせる 먹이다, 먹게 하다
する 하다	させる 시키다, 하게 하다
来^くる 오다	来^こさせる 오게 하다

(2) 사역문의 구조

子供_{こども}が 学校_{がっこう}へ 行_いきます。 아이가 학교에 가다.

→ 母_{はは}は 子供_{こども}を 学校_{がっこう}へ 行_いかせる。 엄마는 아이를 학교에 가게 하다.

学生_{がくせい}が 宿題_{しゅくだい}を します。 학생이 숙제를 합니다.

→ 先生_{せんせい}は 学生_{がくせい}に 宿題_{しゅくだい}を させます。 선생님은 학생에게 숙제를 시킵니다.

(3) 사역수동 표현

사역형을 가지고 다시 수동형으로 만든 것으로 자기가 하는 행위나 동작이 자기의 의지와는 상관없이 다른 사람의 강요에 의해 하게 될 때 사용하는 표현이다.

'누가 시켜서 어쩔 수 없이(억지로/마지못해) ~하다'라는 의미를 나타낸다.

예 日曜日_{にちようび}なのに働_{はたら}かせられました (働_{はたら}かされました)。 일요일인데도 어쩔 수 없이 일했습니다.

辛_{から}いものは苦手_{にがて}なのに食_たべさせられました。 매운 것은 잘 못 먹는데 억지로 먹었습니다.

학습평가

01 다음 일본어의 읽기와 뜻을 써 보세요.

(1) 渋谷行き _____   (2) 転落防止 _____

(3) 酔っぱらう _____   (4) 何ともいえない _____

02 다음 ( ) 안의 동사를 활용하여 적당한 표현을 쓰세요.

(1) 毎日ノートに漢字を (書く → _____) 例文を (覚える → _____) しています。
　　매일 노트에 한자를 쓰게 하거나 예문을 외우게 하거나 하고 있습니다.

(2) Q: 課題はもう出しましたか。과제는 벌써 제출했어요?

　　A: いいえ、今 (やる → _____) です。아니요, 지금 하는 중이에요.

(3) 図書館の中がうるさいです。(静かにする → _____) です。
　　도서관 안이 시끄럽습니다. 조용히 해 줬으면 합니다.

(4) 辛いものは苦手なのに (食べる → _____)。
　　매운 것은 잘 못 먹는데 억지로 먹었습니다.

03 음성을 듣고 다음 ( ) 안에 적당한 표현을 써 넣으세요. 🎧 Track 33

金漢 : そういえば、東横線もホームドアを

　　　 (설치하게 하는 중 → _____)ですよね。

駅員 : 転落防止に (가장 효과가 있기 때문에 → _____)、

　　　 車両を変更させたりして進めています。

金漢 : (추락하지 않게 하기 위해서 → _____)か。

　　　 酔っぱらった人とかは本当に危ないですよね。

駅員 : 気をつけてほしいですけど、僕も (상사 때문에 마지못해 술을 마시는 →

　　　　　　　) 場合があるので何ともいえないですね。

2부 鉄道の安全対策
てつどう あんぜんたいさく

철도의 안전 대책

> 🔵 포인트 추락 방지 홈도어를 통해 일본 철도의 안전 대책에 대해 알 수 있습니다.

KEY WORD

일본 철도의 홈도어 : 日本鉄道のホームドア

일본 철도의 안전 대책 : 日本鉄道の安全対策

일본 문화 속의 일본어

✿ JR니시니혼(JR西日本にしにほん)은 어떤 기업인가요?

일본국유철도(日本国有鉄道にほんこくゆうてつどう)(=국철 国鉄こくてつ)에서 철도 사업 및 선박 사업을 인계하여 발족한 여객 철도 회사의 하나이다. 호쿠리쿠(北陸ほくりく) 3현(三県さんけん), 긴키 지방(近畿地方きんきちほう), 주고쿠 지방(中国地方ちゅうこくちほう)을 중심으로 한 철도 노선망을 가진다. 본사는 오사카시(大阪市おおさかし)에 있다. 통칭 JR니시니혼(西日本にしにほん)으로 불린다.

✿ 홈도어란 무엇인가요?

홈도어(ホームドア) 또는 스크린 도어(スクリーンドア)란, 철도역에서 플랫폼(プラットホーム) 의 노선에 면한 부분에 설치된 가동식(可動式かどうしき)의 개구부(開口部かいこうぶ)를 가진 안전 장치이다. 홈에서 추락(転落てんらく)하거나 열차와의 접촉 사고 방지(接触事故防止せっしょくじこぼうし) 등을 목적으로 한 안전 대책(安全対策あんぜんたいさく)의 하나이다. '홈도어'는 일본식 영어(和製英語わせいえいご)로 영어로는 'Platform screen door' 또는 'Automatic platform gate'라고 한다. 홈도어는 사람, 짐(荷物にもつ)과 열차의 접촉에 따른 인신 사고(人身事故じんしんじこ)를 방지하고 안전하게 열차를 운행할 수 있게 해 준다.

❀ 도큐토요코선(東急東横線とうきゅうとうよこせん)은 어떤 철도노선인가요?

도쿄 시부야역(渋谷駅)과 가나가와현의 요코하마역(横浜駅よこはまえき)을 잇는 도쿄 급행 전철(東京急行電鉄とうきょうきゅうこうでんてつ)=도큐(東急とうきゅう)의 철도 노선(鉄道路線てつどうろせん)이다. 노선도나 역 번호에 사용되는 색은 빨간색(赤色あかいろ)이며, 노선 기호는 TY이다. 토요코선에는 '특급(特急とっきゅう), 통근 특급(通勤特急つうきんとっきゅう), 급행(急行きゅうこう), 각역 정차(各駅停車かくえきていしゃ)'의 4종류가 운행되고 있다.

❀ JR규슈(JR九州きゅうしゅう)는 어떤 기업인가요?

1987년 일본 국유 철도(국철)에서 철도 사업을 인계해 발족한 여객 철도 회사의 하나이다. 주로 규슈(九州)지방과 야마구치현(山口県やまぐちけん)의 일부 철도 노선을 관리, 운영하고 있다. 그 밖에 여행업, 부동산업, 농업 등도 전개하고 있으며 본사는 후쿠오카시(福岡市ふくおかし)에 있다.

보통 열차(普通列車ふつうれっしゃ)에서는 1988년 가시이선(香椎線かしいせん)과 미스미선(三角線みすみせん)을 시작으로 차장(車掌しゃしょう)을 승무시키지 않고 운전 기사 혼자만이 승무하여 운전하는 '원맨 운전(ワンマン運転うんてん)'을 규슈 각지에 확대시켰다. JR 규슈 발족 이후 역의 무인화(無人化むじんか)를 진행시켜 가시이역(香椎駅かしいえき), 쵸쟈바루역(長者原駅ちょうじゃばるえき)을 제외한 선내 14곳의 역이 무인화되었다. 앞으로는 티켓의 인터넷 판매 강화 등으로 매표소 폐쇄도 늘어날 전망이다.

이미지로 보는 일본 문화

일본 철도의 안전 대책

1) 개요 일본에서는 매일 평균 10명(1년에 약 3500여 명) 가량의 사람이 역에서 선로로 추락하는 사고가 발생하고 있다. JR신오사카역(新大阪駅しんおおさかえき) 사고를 분석하여 추락하는 원인을 찾아냈다.

2) 전차 방향과 직각인 벤치 홈 안에 설치되어 있는 벤치는 일반적으로 전차와 나란한 방향으로(병행, 並行へいこう) 설치되어 있다. 그러나 JR신오사카역에는 전차(電車でんしゃ) 방향과 직각(直角ちょっかく)으로 설치된 벤치가 있다. 선로 추락 사고를 막기 위한 안전 대책(安全対策あんぜんたいさく)의 일환이라고 한다.

  사고 분석 결과, 홈에서 추락하는 사고의 약 60%가 취객(酔客すいきゃく)에게서 발생했다. JR니시니혼(西日本にしにほん)이 추락한 취객의 움직임을 분석한 바, 대부분이 전차가 들어오는 것을 알아차리고 일어서서 그대로 걸어가 홈으로 추락(転落てんらく)했다. 이처럼 벤치 방향을 바꾸게 되면 일어서서 직진해도 선로 아래로 추락하지 않는다. 신오사카역에서는 벤치의 방향을 바꾸고 나서 추락자가 반감(半減はんげん)했다고 밝혔다. 그러나 이것만으로는 불충분(不十分ふじゅうぶん)하다.

3) 홈도어 보급의 문제점과 방식 추락 방지에 가장 효과가 있는 것은 홈도어이다. 그러나 설치가 완료된 곳은 전체의 30%에 지나지 않는다. 설치가 신속히 진행되지 않는 이유는 무엇일까? 하루에 약 10만 명 이상의 승객이 전차를 이용하는데, 홈도어는 승객의 이용이 없는 시간에 설치해야 하기 때문이다.

  홈도어의 보급을 가로막는 이유 중 하나는 바로 마지막 전철(終電しゅうでん)부터 첫 전철까지 약 3시간 남짓하는 제한된 설치 시간이다. 그 밖에도 차량의 도어 수, 홈도어의 중량 등도 홈도어 설치 공사를 어렵게 하는 요인이다. 즉 쭉 늘어선 홈도어의 총 중량은 약 16톤. 역에 따라서는 이 무게를 견딜 수 있도록(耐たえられる) 홈의 보강 공사(補強工事ほきょうこうじ)가 필요하다. 또한, 도큐 전철에서는 4도어와 6도어의 차량을 병용(併用へいよう)하

고 있었지만, 홈도어를 도입(導入どうにゅう)하기 위해 모두 4도어 차량으로 통일시켰다. 그리고 가벼우면서도 강도 높은 소재를 도입하여 홈도어 설치에 박차를 가하고 있다.

생각해 보기

● 선로에 떨어진 승객을 구하고 숨진 故 이수현 씨에 대해 알아 보세요.

> 일본에서 어학연수 중이던 한국인 유학생 고 이수현(李秀賢イ・スヒョン) 씨는 2001년 도쿄 신오쿠보역(新大久保駅しんおおくぼえき)에서 선로에 떨어진 일본인 남성을 돕다가 목숨을 잃었다. 의로운 행동을 한 그의 사랑과 희생정신은 지금까지도 한국에서뿐만 아니라 일본인들에게도 마음 깊이 기억되고 있으며 해마다 한국과 일본에서 추모식이 열리고 있다.
>
> 고 이수현 씨의 실화를 그린 영화 '너를 잊지 않을 거야(あなたを忘わすれない)'가 한국(2008년)과 일본(2007년)에서 상영된 바 있으며, 2018년 일본 도쿄도에서는 고 이수현 씨의 희생정신을 기리며 그의 이름을 붙인 장학회가 설립되었다.

학습평가

01 다음 일본의 철도 안전 대책과 관련한 단어의 읽는 법을 써 보세요.

① 転落 ＿＿＿＿＿＿＿＿＿　　② 事故防止 ＿＿＿＿＿＿＿＿＿

③ 安全対策 ＿＿＿＿＿＿＿＿＿　　④ 人身事故 ＿＿＿＿＿＿＿＿＿

⑤ 急行 ＿＿＿＿＿＿＿＿＿　　⑥ 通勤特急 ＿＿＿＿＿＿＿＿＿

⑦ 各駅停車 ＿＿＿＿＿＿＿＿＿　　⑧ 無人化 ＿＿＿＿＿＿＿＿＿

⑨ 並行 ＿＿＿＿＿＿＿＿＿　　⑩ 直角 ＿＿＿＿＿＿＿＿＿

⑪ 酔客 ＿＿＿＿＿＿＿＿＿　　⑫ 終電 ＿＿＿＿＿＿＿＿＿

02 다음 중 일본의 철도 안전 대책인 홈도어에 대한 설명으로 틀린 것을 고르세요.

① 홈에서 추락하는 사람의 약 60%가 취객이다.

② 신오사카역에서는 벤치의 방향을 직각에서 병행으로 바꾸고 나서 추락자가 줄었다.

③ 선로 추락 방지에 가장 효과가 있는 것은 홈도어이다.

④ 도큐 전철에서는 홈도어를 도입하기 위해 모두 4도어 차량으로 통일시켰다.

Unit 12

1부 お名前をおっしゃって
ください

성함을 말씀해 주세요

2부 ロボット接客の
「変なホテル」

로봇 접객의 '헨나호텔'

학습 목표

• 호텔에서 사용되는 정중한 접객 표현을 이해할 수 있다.
• 일본어의 경어 가운데 존경 표현의 형태와 용법을 파악할 수 있다.
• 일본 호텔과 관련한 사회의 변화를 이해하는 능력을 키운다.

1부

お名前をおっしゃってください
성함을 말씀해 주세요

 출장 중에 호텔을 예약하는 장면입니다.
로봇의 안내를 받아 호텔 체크인을 하는 대화를 학습합니다.

회화 🎧 Track 34

部長（ぶちょう） ここがうわさの「変（へん）なホテル」か。

金漢（キムハン） はい、予約（よやく）はネットで済（す）ませておきました。

部長（ぶちょう） じゃ、入（はい）ろう。(受付（うけつけ）の前)

ロボット いらっしゃいませ。「変（へん）なホテル」へようこそ。
チェックインのお客様（きゃくさま）は1を押（お）してください。(1を押す)
本日（ほんじつ）の宿泊者（しゅくはくしゃ）データを確認（かくにん）しますので、お名前（なまえ）をフルネームでおっしゃってください。

部長（ぶちょう） タナカ　たくや

ロボット ご来館（らいかん）ありがとうございます。宿泊者（しゅくはくしゃ）カードにお名前（なまえ）、電話番号（でんわばんごう）をご記入（きにゅう）の上（うえ）、下（した）のポストにお入（い）れください。終（お）わりましたら2を押（お）してください。右（みぎ）のタッチパネルに移動（いどう）し、お手続（てつづ）きください。
以上（いじょう）でチェックインは完了（かんりょう）です。

部長（ぶちょう） もう終（お）わり？　これでいいのか。便利（べんり）な時代（じだい）になったんだね。

金漢（キムハン） そうですね。

 단어 및 표현 🎧 Track 35

- うわさ 소문
- 予約（よやく） 예약
- 済（す）ませる 끝내다, 마치다, 완료하다
- 受付（うけつけ） 접수
- ようこそ 어서 오세요. (환영 인사)
- チェックイン 체크인
- 押（お）す 누르다, 밀다

- 本日（ほんじつ） 금일, 오늘
- 宿泊者（しゅくはくしゃ） 숙박객(자)
- フルネーム 풀네임
- おっしゃる 말씀하시다
- ご来館（らいかん） 박물관, 영화관, 호텔 등의 시설을 방문함, 내관
- 電話番号（でんわばんごう） 전화번호

- 記入（きにゅう） 기입
- ポスト 포스트, 우편함
- タッチパネル 터치패널
- 移動（いどう） 이동
- 手続（てつづ）き 수속, 절차
- 以上（いじょう）で 이상으로
- 完了（かんりょう） 완료

주요 표현

① 予約はネットで済ませておきました 예약은 인터넷으로 완료해 두었습니다

* 済ませる : 끝내다, 마치다(=済ます)

  例 用事が済む 용무가 끝나다 ― 用事を済ませる・用事を済ます 용무를 끝내다

* 동사 + ておく : ~해 두다

  例 友だちが遊びにくる前にケーキを買っておきました。

  친구가 놀러 오기 전에 케이크를 사 두었습니다.

② チェックインのお客様は1を押してください 체크인 고객께서는 1을 눌러 주세요

* 押してください : 눌러 주세요

  동사의 て형 + ください : ~해 주세요(정중한 명령)

  例 教科書の17ページを見てください。 교과서 17페이지를 봐 주세요.

③ お名前をフルネームでおっしゃってください 성함을 풀네임으로 말씀해 주세요

* おっしゃる : 言う(말하다)의 존경어

  동사의 존경어는 「①특별 동사를 사용, ②문법 형식으로 활용형 만들기, ③존경의 れる・られる를 붙이기」의 세 가지로 나눌 수 있다. (②③에 대한 설명은 심화학습 참조)

  – 주요 존경어 특별 동사

동사	특별 동사	특별 동사의 정중한 표현
行く・来る・いる	いらっしゃる 가시다/오시다/계시다	いらっしゃいます
言う	おっしゃる 말씀하시다	おっしゃいます
食べる・飲む	召し上がる 드시다	めしあがります
寝る	お休みになる 주무시다	おやすみになります
死ぬ	お亡くなりになる 돌아가시다	おなくなりになりました
くれる	くださる 주시다	くださいます

동사	특별 동사	특별 동사의 정중한 표현
見る	ご覧になる 보시다	ごらんになります
知っている	ご存知だ 아시다	ごぞんじです
する	なさる 하시다	なさいます

例 お口に合うかどうかわかりませんが、どうぞ召し上がってください。
입에 맞으실지 모르겠지만, 부디 드셔 주세요.

黒沢部長はいらっしゃいますか。 구로사와 부장님은 계십니까?

昨日送ったメール、ご覧になりましたか。 어제 보낸 메일, 보셨습니까?

4 宿泊者カードにお名前、電話番号をご記入の上、
숙박자 카드에 성함, 전화번호를 기입하신 후,

・ お名前 : 名前(이름)의 존경어, ご記入 : 記入(기입)의 존경어

명사의 존경어는 접두어를 붙여 만드는데, 기본적으로 일본의 고유어에는 お를, 한자어에는 ご를 붙여 만든다.

・ 〜の上(で) : '~한 후에, ~한 다음' 의 정중하고 딱딱한 표현

例 メールで資料を送りましたので、ご確認の上、お電話ください。
메일로 자료를 보냈으니 확인하신 후 전화 부탁드립니다.

5 下のポストにお入れください 아래의 포스트에 넣어 주세요

・ お入れください : 넣어 주세요.

お + 入れる의 ます형 + ください

お + 동사 ます형 + ください / ご + 한자어 명사 + ください : '~해 주세요'의 의미

「〜てください」보다 정중도가 높고 공적인 장면에서 사용한다. 한자어 명사에서 する까지 포함하여 「ご 한자어 명사 して + ください」라고 쓰지 않도록 주의한다.

例 少々お待ちください。 잠시 기다려 주세요.

電話番号をもう一度ご確認ください。 전화번호를 다시 한 번 확인해 주세요.

電話番号をもう一度ご確認してください。(X)

6 右のタッチパネルに移動し、お手続きください 오른쪽 터치패널로 이동해 수속해 주세요

- お手続きください : 수속해 주세요

  존경어 「お + 동사 ます형 + ください」의 형태로 보일 수 있으나 手続き(수속)는 명사이므로 이에 해당되지 않는다. 실제 로봇 접객 멘트에 사용되는 표현이기는 하나 문법적으로 정확한 표현은 아니다.

  문법적으로는 「お手続きをなさる → お手続きをなさってください」가 바른 표현이다.

  최근에는 「お(ご) + 동작성 명사 + ください」의 용법으로 사용되고 있다.

심화학습

* 존경어

상대방이나 화제에 등장하는 인물에 대해 혹은 그 인물에 속한 물건이나 동작, 상태 등을 높여 표현하는 것을 말한다.

(1) 동사의 존경어

① 특별 동사 : 〈주요 표현〉❸번 설명 참조

> 예 この件について、先生は何とおっしゃいましたか。 이 건에 대해 선생님은 뭐라고 말씀하셨습니까?
>
> A : 鈴木先生をご存じですか。 스즈키 선생님을 알고 계세요?
>
> B : はい、高校の時の先生でした。 네, 고등학교 시절의 선생님이었습니다.

② 존경을 나타내는 활용형

– お + 동사의 ます형 + になる : 「～ます(~ㅂ니다)」의 존경 표현

> 예 お待ちになる 기다리시다　お書きになる 쓰시다　お帰りになる 돌아오(가)시다
>
> これは鈴木先生がお書きになった本です。 이것은 스즈키 선생님이 쓰신 책입니다.
>
> 何時ごろお帰りになりますか。 몇 시쯤 돌아오십니까?

– お + 동사의 ます형 + ください / ご + 동작성 명사 + ください : 〈주요 표현〉❺번 설명 참조

③ 존경의 れる・られる 붙이기

> 예 新聞をよく読まれますか。 신문을 자주 읽으세요?
>
> 先輩は今日の午後、外出されますか。 선배님은 오늘 오후 외출하세요?

(2) 명사의 존경어

① 그 명사가 나타내는 인물을 높이는 경우

> 예 こちら 이쪽　そちら 그쪽　どなた 어느 분, 누구　方 분

② 그 명사의 (넓은 의미의) 소유자를 높이는 경우

> 예 お名前 성함　ご両親 부모님

일본 고유어의 명사에는 접두어 「お」, 한자어 명사에는 접두어 「ご」를 붙인다.

お　：お名前・お考え・お知らせ・お疲れ・お仕事・お宅・お元気
ご　：ご記入・ご利用・ご連絡・ご家族・ご案内・ご紹介・ご苦労
예외：お電話・お食事・お誕生日・お世話・お土産・お返事・お弁当

(3) 형용사의 존경어

い형용사와 な형용사에는 접두어 「お」, 「ご」를 붙여 존경의 뜻을 나타냄

(예) いつ 見^みても おうつくしい。언제 봐도 아름다우시다.

みなさん、お元気^{げん き}ですか。여러분, 건강하십니까?

학습평가

01 다음 일본어의 읽기와 뜻을 써 보세요.

(1) 予約 _____

(2) 済ませる _____

(3) 受付 _____

(4) 手続 _____

02 다음 괄호 안의 표현을 존경어로 바꿔 쓰세요.

(1) お口に合うかどうかわかりませんが、どうぞ (食べる →   )。
입에 맞으실지 모르겠지만, 부디 드셔 주세요.

(2) 黒沢部長は (いる →   )。
구로사와 부장님은 계십니까?

(3) 昨日送ったメール、(見る →   )。
어제 보낸 메일, 보셨습니까?

03 음성을 듣고 다음 (   ) 안에 적당한 표현을 써 넣으세요. 🎧 Track 36

ロボット： いらっしゃいませ。「変なホテル」へ (어서 오세요 →   )。

チェックインのお客様は１を (눌러 주세요. →   )。

本日の宿泊者データを確認しますので、お名前をフルネームで

(말씀해 주세요. →   )。

ご来館ありがとうございます。

宿泊者カードにお名前、電話番号を (기입하신 후 →   )、

下のポストに (넣어 주세요. →   )。

終わりましたら２を押してください。右のタッチパネルに移動し、

(수속(절차)를 밟아 주세요. →   )。

以上でチェックインは完了です。

2부 ロボット接客の「変なホテル」
せっきゃく へん

로봇 접객의 '헨나호텔'

포인트 로봇이 접객하는 헨나호텔을 통해 일본의 과학 기술과 관광 산업에 대해 알 수 있습니다.

KEY WORD

로봇 접객의 헨나호텔 : ロボット接客の「変なホテル」
일본 호텔의 과잉화 현상 : 日本のホテルの過剰化現象

일본 문화 속의 일본어

❀ HIS그룹은 어떤 기업인가요?

1980년 설립된 HIS그룹(エイチ・アイ・エス グループ)은 일본의 대형 종합 여행사로 저가 항공권(格安航空券かくやすこうくうけん) 판매에서 시작해 현재는 호텔 및 항공사, 테마파크, 로봇 사업, 보험 사업 등을 하고 있는 글로벌 기업이다.

❀ 헨나호텔이란 어떤 호텔인가요?

헨나호텔(変なホテル)은 HIS그룹에서 운영하는 로봇 호텔(ロボットホテル)이다. 2015년에 나가사키현(長崎県ながさきけん) 사세보시(佐世保市させぼし) 하우스텐보스(ハウステンボス)에 1호점을 오픈한 후 전국적으로 확장을 하고 있다. 헨나호텔의 '헨나(変な)'의 의미는 '기묘(奇妙きみょう)하다'는 뜻이 아니라 '계속해서 변화할 것(変かわり続つづけること)을 약속한다'는 의미라고 한다. 창업자인 사와다 히데오(澤田秀雄さわだひでお) 사장이 IT기술을 활용한 스마트 호텔 프로젝트(スマートホテルプロジェクト)의 일환으로 진행한 사업으로, 쾌적성(快適性かいてきせい)과 생산성(生産性せいさんせい)을 추구하는 저비용 호텔을 목표로 건설했다. 가장 큰 특징은 생산성의 향상(인건비(人件費じんけんひ)의 삭감)을 위해 프런트 업무와 수하물 운반 등을 사람이 아닌 로봇에게 맡기고 있다는 점이다. 하우스텐보스 헨나호텔은 '세계 최초의 로봇

출처 ⑧ | 헨나호텔 사이트

호텔'로 기네스 세계 기록 인정을 받았다.

여성 모습의 로봇, 공룡 형태(恐竜型きょうりゅうがた)의 로봇, 포터 로봇, 탁상 로봇 등 다양한 형태로 관내에 약 80대를 배치하고 있으며 인간 종업원은 침실 정리와 감시 카메라 요원 등 10여 명 내외이다. 인건비를 줄여 저비용으로 숙박 가격을 제공하고 있다. 그밖에도 얼굴 인식 시스템으로 열쇠 없이 출입이 가능하고, 객실 내의 설비는 태블릿으로 일괄 조작이 가능하다.

❀ 하우스텐보스는 어떤 시설인가요?

하우스텐보스(네덜란드어 : Huis Ten Bosch, ハウステンボス)는 나가사키현 사세보시에 있는 테마파크이다. 네덜란드의 거리를 재현하고 있으며 테마는 유럽 전체이다. 도쿄 디즈니 리조트의 1.5배 부지면적으로 단독 테마파크로서는 일본 최대 규모이다. 드라마, 영화, 광고 등의 촬영 현장으로도 사용되고 있다. 하우스텐보스는 네덜란드어로 '숲의 집'을 의미한다. Huis가 '집', Ten이 '~의' 또는 '~에 있는', Bosch가 '숲'이라는 뜻이다. 네덜란드의 베아트릭스 공주가 사는 하우스텐보스 궁전을 재현한 데에서 이름이 붙여졌다.

출처 ⑨ | 하우스텐보스 사이트

❀ 토요코인은 어떤 호텔인가요?

토요코인(東橫とうよこイン)은 일본의 호텔 체인으로, 가장 큰 특징은 숙박 가격을 할인하기 위해 다양한 방면에서 철저한 비용 절감(コストダウン)을 꾀하고 있다는 점이다. 객실 이외의 설비는 거의 없으며, 도보(徒歩とほ)로 갈 수 있는 거리에 편의점과 음식점 등의 상업 시설이 있어 아주 저렴한 숙박 요금(宿泊料金しゅくはくりょうきん)을 실현시키고 있다. 또한 객실에는 성경과 불경 이외에 〈たのやく(楽たのしく読よめてときどき役立やくだつ本ほん)〉라는 잡지를 비치해 놓았는데, 호텔에서 나갈 때 가져 갈(持もち帰かえり) 수도 있다.

출처 ⑩ | 토요코인 호텔 사이트

이미지로 보는 일본 문화

일본 호텔의 과잉화 현상

1) 일본 호텔의 수급 상황 미즈호 증권(みずほ証券しょうけん)이 발표한 보고서에 따르면, 도쿄올림픽과 패럴림픽의 개최(開催かいさい)로 일본을 찾는 외국인이 증가하는 2020년에 도쿄 내 호텔 수급 상황은 부족할 것으로 예측된 바 있다. 그런데 새로운 자료에 의하면, 약 15,000 객실이 남을 것이라는 내용으로 바뀌었다. 그 이유 중 하나가 2020년까지 오픈하는 호텔이 증가하고 있기 때문이라는 것이다.

2) 헨나호텔(変なホテル) 도쿄 곳곳에 새로운 호텔이 건설되고 있다. 도쿄 니시카사이역(西葛西駅にしかさいえき)에서 도보(徒歩とほ) 4분 거리에는 HIS그룹이 전개하는 헨나호텔(変なホテル)이 오픈했다. 사람과 공룡 모양의 로봇이 프런트에서 손님을 맞이하는 이색적인 호텔로, IT 기술을 활용한 하이테크 호텔이다. 숙박객의 절반(半分はんぶん)이 비즈니스맨(ビジネスマ

출처 ⑧ 헨나호텔 사이트

ン)일 것으로 예상하여 모든 객실에는 스팀 의류 관리기를 설치했다. 또한 객실에 있는 스마트폰(スマホ)은 텔레비전이나 에어컨의 리모컨이 될 뿐만 아니라 국내와 해외 통화도 가능하다. 조식(朝食ちょうしょく)은 호화(豪華ごうか)로운 뷔페(ビュッフェ)식이 아닌, 바쁜 비즈니스맨이 간단하게 먹기 좋은 주먹밥(おにぎり)을 메인으로 하였다. 주먹밥의 재료는 일본 47개 도도부현(都道府県とどうふけん)의 재료를 사용한 특제 주먹밥을 그날그날 바뀌는 '오늘의 메뉴(日替ひがわりのメニュー)'로 제공하기 때문에 외국인에게도 인기가 높다. 니시카사이를 시작으로 도시형(都市型としがた) 호텔 건설에 힘을 쏟고 있는 헨나호텔은 호텔의 공급 과잉화로 치열해진 경쟁 속에서 살아남기 위하여 가격 경쟁력을 전면에 내세우고 있다.

3) 토요코인(東横イン) 한편, 서울도 2012년에는 호텔이 심각하게 부족했지만, 규제 완화와 관광 환경의 변화로 공급 과잉(供給過剰きょうきゅうかじょう)이 문제가 되었다. 번화가(繁華街はんかがい)인 명동에서 단체 관광객에게 아주 저렴한 가격을 제시하는 호텔도 나타났다. 가동률은 올라갔지만, 이익이 나지 않는 상황에서 호텔 매각을 검토하는 기업도 나타났다. 2012년에 786개였던 호텔은 2017년에는 1,617개까지 증가했고, 2018년에는 100개 정도의 호텔이 새롭게 생겼다.

그 중에는 일본에서 진출한 곳도 있는데, 토요코인(東横とうよこイン)은 2009년 서울 동대문을 시작으로 2018년 현재 9곳의 호텔을 운영하고 있다. 2015년을 전후하여 교리쓰 메인터넌스(共立きょうりつメンテナンス)는 서울 강남에 2개의 도미인(ドーミーイン) 호텔을 개업했고, 니시니혼 테쓰도(西日本鉄道にしにほんてつどう)도 명동에 솔라리아 니시테쓰(ソラリア西鉄にしてつ)호텔을 개업했다.

4) 호텔 수요의 전망 일본 호텔의 과잉화 배경에는 일본을 찾는 외국인 관광객과 낮은 금리(低金利ていきんり)가 있다. 도쿄의 경우 수년간 총 숙박 수를 보면 일본인의 숙박 수는 1%밖에 늘어나지 않은 데 비해(2011년을 100으로 했을 때), 외국인은 26.2%라는 매우 높은 성장세를 보여 주었다. 그렇지만 향후 관광객 감소와 금리 상승의 가능성이 있기 때문에 호텔 업계는 신중을 기하는 분위기이다.

생각해 보기

● 미즈호증권은 어떤 기업인지 알아 보세요.

> 미즈호증권(みずほ証券しょうけん)은 미즈호파이낸셜그룹 산하의 대형 증권회사이다. 2009년 5월에 상장기업(上場企業じょうじょうきぎょう)인 신코증권(新光証券しんこうしょうけん)을 합병(合併がっぺい)하여 종합 증권회사가 되었다. 2013년에 주로 소매점(retail)을 대상으로 취급해 온 미즈호인베스터즈증권을 흡수 합병하여 미즈호그룹의 증권 부문을 통일했다.
>
> **MIZUHO**
> みずほ証券

학습평가

01 다음 단어의 읽는 법을 써 보세요.

① 宿泊料金　＿＿＿＿＿＿＿　　② 格安航空券　＿＿＿＿＿＿＿

③ 快適性　＿＿＿＿＿＿＿　　④ 人件費　＿＿＿＿＿＿＿

⑤ 供給過剰　＿＿＿＿＿＿＿　　⑥ 低金利　＿＿＿＿＿＿＿

⑦ 都道府県　＿＿＿＿＿＿＿　　⑧ 朝食　＿＿＿＿＿＿＿

⑨ 合併　＿＿＿＿＿＿＿　　⑩ 上場　＿＿＿＿＿＿＿

⑪ 徒歩　＿＿＿＿＿＿＿　　⑫ 繁華街　＿＿＿＿＿＿＿

02 일본의 호텔에 대한 설명 중 틀린 것을 고르세요.

① 헨나호텔의 니시카사이점은 숙박객의 절반이 비즈니스맨일 것으로 예상하여 객실에 스팀 관리기를 설치했다.

② 헨나호텔은 로봇 이용을 통한 인건비 절감으로 숙박료를 저렴하게 제공하고 있다.

③ 호텔 과잉화 현상의 배경에는 외국인 관광객의 증가와 낮은 금리가 있다.

④ 2009년 토요코인 호텔 개업 이후 한국으로 진출하는 일본 호텔은 없어졌다.

Unit 13

주요 학습 내용

1. 회화: メニューをお持ちしますね
2. 주요 표현
3. 심화학습: 경어의 분류
4. 학습평가

1. 일본 양식 산업의 변화
2. AI로 변화하는 참치 양식
3. 생각해 보기
4. 학습평가

학습 목표

- 초밥 가게에서 손님과 점원이 주고받는 대화를 이해할 수 있다.
- 일본어의 경어 표현 가운데 자신을 낮춰 말하는 겸양 표현의 형태와 용법을 파악할
  수 있다.
- 일본 양식 산업과 관련한 과학 기술 및 사회 변화를 이해하는 능력을 키운다.

1부 メニューをお持^もちします

메뉴를 가져다 드리겠습니다

 포인트 초밥 가게에서 손님과 점원이 주고받는 대화를 학습합니다.

회화 🎧 Track 37

店員^{てんいん} 何名^{なんめい}さまでしょうか。

金漢^{キムハン} 二人^{ふたり}です。

店員^{てんいん} こちらのカウンター席^{せき}でよろしいでしょうか。

部長^{ぶちょう} はい、大丈夫^{だいじょうぶ}です。

店員^{てんいん} すぐメニューをお持^もちします。(メニューを持^もってくる)
毎週火曜日^{まいしゅうかようび}はマグロの食^たべ放題^{ほうだい}をやっております。このメニューの中^{なか}からお好^すきなものをお選^{えら}びください。注文^{ちゅうもん}が入^{はい}ってから握^{にぎ}らせていただきます。
(食事^{しょくじ}が終^おわって)

部長^{ぶちょう} お会計^{かいけい}お願^{ねが}いします。あー！うまかった！よくこの値段^{ねだん}でやっていますね。

店員^{てんいん} 養殖^{ようしょく}マグロなので、お手頃^{てごろ}な値段^{ねだん}で提供^{ていきょう}いたしております。

金漢^{キムハン} 養殖^{ようしょく}マグロだったんですか！本当^{ほんとう}においしくて天然^{てんねん}かと思^{おも}いました。

店員^{てんいん} 人工知能^{じんこうちのう}が餌^{えさ}の量^{りょう}や水温^{すいおん}などを管理^{かんり}しているそうです。
一定^{いってい}の品質^{ひんしつ}を保証^{ほしょう}してくれるので助^{たす}かります。

部長^{ぶちょう} そうか！マグロもAIの時代^{じだい}ですね。

 단어 및 표현 🎧 Track 38

- 何名^{なんめい}さま 몇 분
- カウンター席^{せき} 카운터 자리
- よろしい 'いい'의 정중한 표현
- メニュー 메뉴
- 毎週^{まいしゅう} 매주
- マグロ 참치
- 食^たべ放題^{ほうだい} 무한 리필 혹은 뷔페
- やる ①하다 ②주다 ③보내다
- 選^{えら}ぶ 선택하다, 고르다
- 注文^{ちゅうもん} 주문

- 握^{にぎ}る 쥐다, 잡다, 초밥/주먹밥을 만들다
- 会計^{かいけい} 회계, 계산 'お~'의 형태로 가게에서 계산함
- うまい 능숙하다, 맛있다
- 値段^{ねだん} 가격
- 養殖^{ようしょく} 양식
- 手頃^{てごろ}だ 알맞다, 적당하다
- 提供^{ていきょう}する 제공하다
- 天然^{てんねん} 천연, 자연산
- 人工知能^{じんこうちのう} 인공 지능

- 餌^{えさ} 먹이
- 量^{りょう} 양
- 水温^{すいおん} 수온
- 管理^{かんり} 관리
- 一定^{いってい} 일정
- 品質^{ひんしつ} 품질
- 保証^{ほしょう}する 보증(보장)하다
- 助^{たす}かる ①도움이 되다
  ②살아나다

172

주요 표현

① **何名さまでしょうか。こちらのカウンター席でよろしいでしょうか**

몇 분이세요? 이쪽 카운터 자리 괜찮으세요?

- **何名さまでしょうか** : 몇 분이세요?

  「何人ですか」의 정중한 표현

- **〜でよろしいでしょうか** : ~로 괜찮으세요?

  「〜でいいですか」의 정중한 표현으로, 고객에게 자리나 주문을 확인할 때 많이 사용한다.

  예 **ご注文は以上でよろしいでしょうか。** 주문은 이것으로 괜찮으세요?

  > **참고**
  >
  > **〜てもよろしいでしょうか** : ~해도 괜찮으세요?
  >
  > 「〜てもいいですか」의 정중한 표현
  >
  > 예 **この件に関して、質問してもよろしいでしょうか。**
  >
  > 이 건에 대해 질문해도 괜찮습니까?

② **すぐメニューをお持ちしますね** 곧 메뉴를 가져오겠습니다

- **お持ちします** : お + 持つ의 ます형 + する (持つ의 겸양어)

  겸양어 : 말하는 사람이 자신을 낮추어 상대방을 간접적으로 높이는 표현이다.

  – 동사의 겸양어 공식

  > **お + 동사의 ます형 + する**
  >
  > 예 **お待ちする・お送りする・お話しする・お会いする・お願いする**
  > 　 가져오다　　보내다　　말씀드리다　　뵙다　　부탁드리다

  > **ご + 한자어 명사 + する**
  >
  > 예 **ご案内する・ご確認する・ご連絡する・ご紹介する**
  > 　 안내하다　　확인하다　　연락하다　　소개하다
  >
  > 　 **メールは先週お送りしました。** 메일은 지난주에 보내 드렸습니다.
  > 　 **私がご案内しましょう。** 제가 안내해 드릴게요.

③ マグロの食べ放題<ruby>た<rt></rt></ruby>をやっております 참치 무한 리필을 하고 있습니다

- やっております：やる + ておる(하고 있다)

  ～ておる：～ている의 겸양 표현

  <ruby>예<rt></rt></ruby> いつもお世話<ruby>せわ<rt></rt></ruby>になっております。 언제나 신세를 지고 있습니다.
  毎日<ruby>まいにち<rt></rt></ruby>、暑<ruby>あつ<rt></rt></ruby>い日<ruby>ひ<rt></rt></ruby>が続<ruby>つづ<rt></rt></ruby>いております。 매일 더운 날이 계속되고 있습니다.

④ 注文<ruby>ちゅうもん<rt></rt></ruby>が入<ruby>はい<rt></rt></ruby>ってから握<ruby>にぎ<rt></rt></ruby>らせていただきます 주문이 들어오면 (초밥을) 만듭니다

- いただきます：もらう의 겸양어

  – 주요 겸양어 특별 동사

동사	특별 동사	특별 동사의 정중한 표현
行く・来る	うかがう・まいる 찾아뵙다/가다	うかがいます・まいります
いる	おる 있다	おります
言う	もうす・もうしあげる 말씀드리다	もうします・もうしあげます
食べる・飲む	いただく 먹다	いただきます
会う	お目にかかる 만나다, 뵙다	お目にかかります
あげる	さしあげる 드리다	さしあげます
もらう	いただく 받다	いただきます
見る	拝見する 삼가(보)다	拝見します
知っている	存じている 알고 있다	存じています
する	いたす 하다	いたします

- 握<ruby>にぎ<rt></rt></ruby>らせていただきます：握<ruby>にぎ<rt></rt></ruby>る의 사역형 + ていただく (초밥을 만들다)

  동사의 사역형(~하게 하다)에 ていただく(~해 받다)를 연결함으로써 '상대방에게 어떤 허락을 받아 그 행위를 하다'는 의미를 표현한다. 한국어로는 '자신이 ~을/를 하다'로 해석하는 것이 자연스럽다.

  <ruby>예<rt></rt></ruby> それでは、発表<ruby>はっぴょう<rt></rt></ruby>をはじめさせていただきます。 그럼, 발표를 시작하겠습니다.
  この本<ruby>ほん<rt></rt></ruby>は読<ruby>よ<rt></rt></ruby>ませていただきました。 이 책은 읽었습니다.

5 お会計お願いします 계산 부탁드립니다

식당에서 계산을 할 때 사용하는 표현이다.

– 유사 표현 : お勘定お願いします。계산 부탁합니다.

6 よくこの値段でやっていますね 용케 이 가격으로 (운영)하고 있네요

- よく : 잘, 자주, 매우 등의 의미가 있지만, 어려운 일을 잘 해내고 있다는 의미로도 사용된다.
  - 예 こんな日によく来られたね。 이런 날 용케 올 수 있었네.

- やっていますね : 하고 있네요.
  - 예 今日、駅前のスーパーはやっていますか。 오늘 역 앞 슈퍼는 영업해요?

  > 참고

  '하다'의 의미로 사용되는 **やる**와 **する**의 차이

  ① **する**는 일반적, **やる**는 구어적 표현에 사용한다.

  ② 인간의 의지로 조절할 수 없는 행동에는 **する**
  - 예 せきをする 기침을 하다 頭痛がする 두통이 나다

  ③ 구체적으로 '무엇을 하다'의 '무엇'에 해당하는 것이 없을 때는 **やる**를 쓴다.
  - 예 元気にやっている 건강하게(잘) 지내고 있습니다

심화학습

(1) 경어의 분류 (2007년 문화심의회 발표 '경어의 지침' 참조)

존경어

상대방이나 화제에 등장하는 인물에 대해 혹은 그 인물에 속한 물건이나 동작, 상태 등을 높여서 표현

「いらっしゃる」「なさる」「お書きになる」

겸양어 I

자신 쪽의 행위를 낮추는 것으로 그 행위의 대상이 되는 인물을 높이는 표현

「いたす」「いただく」「お書きする」

겸양어 II

자신 쪽의 행위를 낮추는 것으로 듣는 사람에 대한 정중함을 표현

「申す」「まいる」「おる」

정중어

듣는 사람에 대한 정중함을 표현. 자신의 행위, 상대방의 행위 모두 표현 가능

「です」「ます」「ございます」

미화어

표현의 품위를 위해 사용하는 표현. 경의를 포함하지 않는 경우에도 사용

「お花」「お茶」「お料理」「ご祝儀」

(2) 존경어/겸양어 특별 동사

동사	존경어	겸양어 · 정중어
行く・来る	いらっしゃる	まいる・うかがう
いる	いらっしゃる	おる
食べる・飲む	召し上がる	いただく
寝る	お休みになる	-
死ぬ	お亡くなりになる	-
言う	おっしゃる	申す・申し上げる

見る	ご覧になる	拝見する
する	なさる	いたす
知っている	ご存知だ	存じている
会う	お会いになる	お目にかかる
あげる	-	さしあげる
もらう	-	いただく
くれる	くださる	-

(3) 동사 활용 공식

① 존경어

お + 동사의 ます형 + になる　예 お帰りになる　돌아오(가)시다

ご + 동작성 명사 + になる　예 ご乗車になる　승차하시다

(れる・られる의 형태도 사용된다.)

② 겸양어

お + 동사의 ます형 + する(いたす)　예 お読みする　읽다

ご + 동작성 명사 + する(いたす)　예 ご案内する　안내하다, 안내해 드리다

학습평가

01 다음 일본어의 읽기와 뜻을 써 보세요.

(1) 食べ放題 _____ (2) 養殖 _____

(3) 手頃だ _____ (4) 天然 _____

02 다음 괄호 안의 표현을 겸양어로 바꿔 쓰세요.

(1) メールは先週 (送る → _____)。
   메일은 지난주에 보내 드렸습니다.

(2) いつもお世話に (なる → _____)。
   언제나 신세를 지고 있습니다.

(3) 私が (案内する → _____)。
   제가 안내해 드릴게요

(4) それでは、発表を (はじめる → _____)。
   그럼, 발표를 시작하겠습니다.

03 음성을 듣고 다음 (   ) 안에 적당한 표현을 써 넣으세요. 🎧 Track 39

店員 : (몇 분 → _____) でしょうか。

金漢 : 二人です。

店員 : こちらのカウンター席で (괜찮으세요? → _____)。

部長 : はい、大丈夫です。

店員 : すぐメニューを (가져오겠습니다(겸양) → _____) ね。

部長 : (계산 → _____) お願いします。あー！うまかった！
   よくこの値段でやっていますね。

店員 : 養殖マグロなので、お手頃な値段で (제공하고 있습니다 →
   _____)。

金漢 : 養殖マグロだったんですか！本当においしくて (자연산인가 → _____) と
   思いました。

店員 : 人工知能が (먹이의 양 → _____) や(수온 → _____) などを管理している
   そうです。一定の品質を保証してくれるので(도움이 됩니다 → _____)。

部長 : そうか！マグロもAIの時代ですね。

2부 AIで変わるマグロ養殖

AI로 변화하는 참치 양식

포인트 AI로 변화하는 참치 양식을 통해 과학 기술과 기업 경제에 대해 알 수 있습니다.

KEY WORD

일본 양식 산업의 변화 : 日本の養殖産業の変化

AI로 변화하는 참치 양식 : AIで変わるマグロ養殖

일본 문화 속의 일본어

❀ AI(인공 지능人口知能じんこうちのう)란 무엇인가요?

컴퓨터가 인간의 지능 활동을 모방할 수 있도록 하는 것을 뜻한다. 즉 기억, 지각, 이해, 학습, 연상, 추론 등 인간의 지성을 필요로 하는 행위를 기계를 통해 실현하고자 하는 학문 또는 기술을 총칭한다. 초기의 인공 지능은 게임(ゲーム), 바둑(碁ご), 장기(将棋しょうぎ) 등의 분야에 사용되는 정도였지만, 실생활에 응용되기 시작하면서 지능형 로봇 등 활용 분야가 확장되고 있다.

❀ NTT도코모는 어떤 기업인가요?

NTT도코모(株式会社NTTドコモ)는 휴대 전화 등의 무선통신(無線通信むせんつうしん) 서비스를 제공하는 일본의 최대 이동통신 사업자이다.

일본통신전화주식회사(NTT, 日本通信電話株式会社にほんつうしんでんわかぶしきがいしゃ)의 자회사이다. 「docomo」의 명칭은 「Do Communications over the Mobile network」 (이동통신망에서 실현하는 적극적이고 풍부한(豊ゆたかな) 커뮤니케이션)의 머리글자를 딴 것이다.

❀ 소우지쓰 쓰나팜 타카시마는 어떤 회사인가요?

소우지쓰 쓰나팜 다카시마(双日そうじつツナファーム鷹島たかしま)는 참다랑어(クロマグロ)의 양식 사업(養殖事業ようしょくじぎょう)을 하는 회사로, 2008년 9월에 설립했다. 대형 상사(大手商社おおてしょうしゃ)로서 일본 국내의 다랑어 양식 사업에 직접 투자, 참여하였다. 원래 수입 냉동(輸入冷凍ゆにゅうれいとう) 참치 분야의 대형 무역업자였지만, 참다랑어의 자원량(資源量しげんりょう) 감소(減少げんしょう)에 따른 어획 규제(漁獲規制ぎょかくきせい)와 공급의 감소에 대한 위기감(危機感ききかん)으로 양식 사업에 뛰어들게 되었다.

출처 ⑪ | 双日ツナファーム鷹島 사이트

❀ 덴쓰국제정보서비스는 어떤 곳인가요?

일본 최대 광고 제작 회사인 덴쓰의 계열사인 덴쓰국제정보서비스(ISID, 電通国際情報でんつうこくさいじょうほうサービス)는 일본의 종합 정보 통신 서비스 회사이다. 설립 당시에는 선진적이었던 세계적 규모의 컴퓨터 네트워크에 의한 원격 정보 처리 서비스를 주 업무로 했다. 현재는 정보 통신 서비스를 폭넓게(幅広ははひろく) 제공하고 있다.

이미지로 보는 일본 문화

AI로 변화하는 참치(다랑어) 양식

1) 개요 목장의 소 상태 관리, 럭비 선수의 운동량 측정 등, 인공 지능(AI, 人工知能じんこうちのう)의 활용 범위가 점차 확장되고 있다. 최근 이와 같은 최첨단 기술을 다랑어(참치) 양식에 활용하려는 새로운 시도(取とり組くみ)가 시작되고 있다.

2) 다랑어 양식 양식 다랑어는 지방이 많다(脂あぶらが乗のっている). 양식에 비해 자연산(天然てんねん)은 색이 붉다. 양식 다랑어는 안정된 매입(仕入しいれ)이 가능하여 자연산보다 저렴한 가격으로 손님에게 제공할 수 있다.

양식 다랑어의 산지(産地さんち)로서 일본 제일의 출하량(出荷量しゅっかりょう)을 자랑하는 곳이 나가사키현(長崎県ながさきけん)이다.

3) 양식장에 AI 기술 도입 소우지쓰 쓰나팜 다카시마(双日そうじつツナファーム鷹島たかしま)는 나가사키현 연안의 바다에서 다랑어를 양식하고 있다. 연안 내에 떠 있는 활어조 안에서 자연산 치어를 약 3년 간 키워 일본 국내와 해외로 출하하고 있다. 그런데 최근 이 양식장에서 새로운 개혁이 시작되었다. 채산성을 극대화하기 위해 최신 AI기술을 도입한 것이다.

다랑어의 먹이로는 자연산 고등어를 주고 있는데, 다랑어 양식에 드는 비용 가운데 사료값(餌代えさだい)이 약 60%를 차지한다(占しめている). 정해진 먹이양은 없다. 사실 지금까지 먹이양은 거의 직감에 의존해서 제공되었다. 그래서 AI를 활용(活用かつよう)해 다랑어의 성장에 최적의 양을 먹이로 주는 방식을 도출하는 노력이 시작되었다.

수면에 뜬 두 개의 부표 아래로 24시간 바다 상태를 계측하는 기계를 달아 조사하기 시작했다. 기술 지원은 일본의 이동통신사인 NTT도코모(ドコモ)로부터 지원 받았다. NTT도코모가 개발한 어플리케이션(アプリ) 우미미루(ウミミル)는 수온과 염분 농도(塩分濃度えんぶんのうど), 먹이양과 다랑어 크기 등 바다의 상태를 24시간 체크한 데이터를 근거로 AI에 의해 분석되는 방식이다. 가장 적당한 먹이양과 시간이 파악되면 사료 값을 줄일 수 있다.

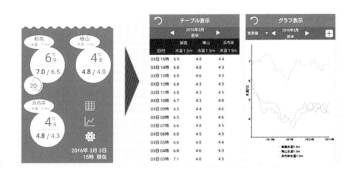

출처 ⑫ │ 어플 우미미루 (**ウミミル**)의 화면
(NTT Docomo)

그 밖에 활어조 안의 다랑어의 숫자를 파악하기 위해 새로운 시스템을 도입했다. 지금까지는 영상을 근거로 수작업(手作業てさぎょう)으로 다랑어를 세었는데 많을 때는 3천 마리나 된다고 한다. 보통 다섯 명의 인원이 세었으나 30% 정도의 오차가 발생했다. 그래서 작업의 정확성과 효율화를 도모하기 위해 덴쓰국제정보서비스의 협력 아래 최신 영상 기술을 도입했다. 이로써 다랑어를 자동으로 셀 수 있게 되었다. 이 발상의 계기가 된 것은 럭비 선수를 추적하는 시스템이었다. 주행 거리(走行距離そうこうきょり) 등 선수의 세세한 이동 데이터 등을 체크하는 시스템에서 힌트를 얻은 것이다.

소우지쓰 쓰나팜 다카시마 측은 앞으로 다랑어 양식의 IT화를 통해 다랑어의 생존율을 올리는 방법과 가장 좋은 양식 방법을 찾아낼 계획이라고 말했다.

생각해 보기

● 나가사키현은 어떤 지역인지 알아 보세요.

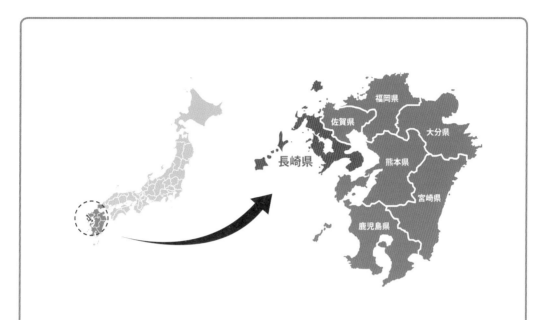

나가사키현(長崎県 ながさきけん)은 일본의 규슈(九州 きゅうしゅう) 북서부에 있는 현이다. 현청 소재지는 나가사키시(長崎市)이다. 고토열도(五島列島 ごとうれっとう), 이키시마(壱岐島 いきしま), 쓰시마(対馬 つしま) 등 47개 도도부현(都道府県 とどうふけん) 가운데 가장 섬이 많은 것으로 알려져 있다.

학습평가

01 다음 단어의 읽는 법을 써 보세요.

① 人工知能 _____   ② 電通国際情報 _____

③ 無線通信 _____   ④ 養殖事業 _____

⑤ 大手商社 _____   ⑥ 輸入冷凍 _____

⑦ 漁獲規制 _____   ⑧ 走行距離 _____

⑨ 取り組み _____   ⑩ 出荷量 _____

⑪ 餌代 _____   ⑫ 塩分濃度 _____

02 다음 AI로 변화하는 다랑어(참치) 양식에 대한 설명 중 틀린 것을 고르세요.

① 다랑어 양식의 산지로 일본 제일의 출하량을 자랑하는 곳은 나가사키현이다.

② 다랑어 양식에 드는 비용 가운데 사료 값이 약 60%를 차지하고 있다.

③ 어플리케이션(우미미루)보다는 영상을 바탕으로 직접 다랑어를 세는 것이 정확하다.

④ 다랑어에게 주는 가장 적당한 먹이양과 시간을 파악하면 사료 값을 줄일 수 있다.

01 다음 (   ) 안의 단어를 조건 표현 「〜たら」의 형태로 바꿔 쓰세요.

(1) 田中さん、頭痛がひどいですか。もし、頭が (痛い →   )、帰っても
いいですよ。 다나카 씨 두통이 심한가요? 만약 머리가 아프면 돌아가도 좋아요.

(2) 明日 (雨だ →   ) 家でゆっくり休みたい。 내일 비라면 집에서 푹 쉬고 싶다.

(3) もし一億円が (ある →   )、どうしますか。 만약 1억 엔이 있으면 어떻게 하겠어요?

(4) このなっとう、(きらい →   ) 食べないで残してください。
이 낫토, 싫으면 먹지 말고 남겨 두세요.

(5) 韓国へ (帰る →   )、だれにいちばん会いたいですか。
한국에 돌아가면 누구를 가장 만나고 싶어요?

02 다음 (   ) 안의 단어를 조건 표현 「〜ば」의 형태로 바꿔 쓰세요.

(1) このマンガは難しくないですから、ゆっくり (読む →   ) わかります。
이 만화는 어렵지 않으니까 천천히 읽으면 알 수 있어요.

(2) 野村さん、あした、もし (暇だ →   ) 映画を見にいきませんか。
노무라 씨, 내일 혹시 한가하면 영화 보러 가지 않을래요?

(3) 日本語が (できる →   ) 日本の生活に苦労しないのに。
일본어가 가능하면 일본 생활에 고생하지 않을 텐데.

(4) 値段が (高い →   ) 買いません。 가격이 비싸면 사지 않습니다.

(5) お金さえ (ある →   ) 遊んで暮せる。 돈만 있으면 놀고 지낼 수 있다.

03 다음 (   ) 안의 단어를 조건 표현 「〜と」의 형태로 바꿔 쓰세요.

(1) この道をまっすぐ (行く →   ) 書店があります。 이 길을 곧장 가면 서점이 있습니다.

(2) 部屋が (静かだ →   ) よく寝られます。 방이 조용하면 잠을 잘 잘 수 있습니다.

(3) 冬に (なる →   ) 寒くなります。 겨울이 되면 추워집니다.

(4) 駅に (着く →   ) すぐ電車が来ました。 역에 도착하자 곧 전철이 왔습니다.

04 다음 (　　) 안의 단어를 조건 표현 「なら」의 형태로 바꿔 쓰세요.

(1) A : 来週日本に行きます。다음 주에 일본에 갑니다.

B : 日本に (行く → ＿＿＿＿＿＿＿＿＿＿＿)、お茶を買ってきてください。

일본에 가는 거라면 차를 사와 주세요.

(2) A : お昼はラーメンが食べたいですね。점심은 라멘이 먹고 싶어요.

B : (ラーメン → ＿＿＿＿＿＿＿＿＿＿＿)、駅前の店が安くておいしいですよ。

라멘이라면 역 앞 가게가 싸고 맛있어요.

05 다음 보기와 같이 문장을 바꿔 보세요.

> 보기　私は朴先生に日本語を教えてもらった。
> → 　朴先生は私に日本語を教えてくれた。

(1) 金漢は陽子にライブのチケットをとってもらいます。

→ 陽子は ＿＿＿＿＿＿＿＿＿＿＿＿＿＿＿＿＿＿＿＿＿＿＿＿。

(2) 野村さんは金漢さんに漫画を買ってあげました。

→ 金漢さんは ＿＿＿＿＿＿＿＿＿＿＿＿＿＿＿＿＿＿＿＿＿＿。

(3) 私は智美にパソコンを貸してあげた。

→ 智美は ＿＿＿＿＿＿＿＿＿＿＿＿＿＿＿＿＿＿＿＿＿＿＿＿。

(4) 私は鈴木さんに服を買ってもらいました。

→ 鈴木さんは ＿＿＿＿＿＿＿＿＿＿＿＿＿＿＿＿＿＿＿＿＿＿。

(5) 子供の時、母は本を読んでくれました。

→ 子供の時、私は ＿＿＿＿＿＿＿＿＿＿＿＿＿＿＿＿＿＿＿。

06 한국어를 참고로 하여 (   ) 안에 적당한 표현을 써 넣으세요.

(1) A : いいセーターですね。だれに (   ) んですか。
　　　　좋은 스웨터네요. 누구에게 받은 거예요?
　　B : 妹が作って (   ) んです。 동생이 만들어 준 거예요.

(2) わたしが入院したとき、友だちが見舞いにきて (   )。
　　　내가 입원했을 때 친구가 병문안 와 주었습니다.

(3) 子どものころ、母に歌って (   ) のが好きでした。
　　　어렸을 때 어머니가 노래를 불러 주는 것을 좋아했습니다.
　　それで、今わたしは子どもに歌を歌って (   ) のが好きなのです。
　　　그래서 지금 나는 아이에게 노래를 불러 주는 것이 좋습니다.

(4) 日本に行ったら、陽子に東京市内を案内して (   )。
　　　일본에 가면 요코에게 도쿄 시내를 안내 받고 싶다.

(5) 鈴木 : 田中さんは子供に毎日お弁当を作って (   ) んですか。
　　　　　다나카 씨는 아이에게 매일 도시락을 만들어 주나요?
　　田中 : いいえ、毎日ではありません。아니요. 매일은 아니에요.

07 다음은 동사의 수동 활용입니다. 표 안에 알맞은 활용형을 히라가나로 적어 보세요.

기본형	뜻	수동형
言う	말하다	
怒る	화내다	
踏む	밟다	
書く	쓰다	
叱る	꾸짖다	
取る	잡다 / 취하다	
死ぬ	죽다	
泣く	울다	
頼む	부탁하다	
盗む	훔치다	

読む	읽다	
なぐる	때리다	
切る	자르다	
誘う	꾀다 / 권유하다	
呼ぶ	부르다	
押す	누르다	
作る	만들다	
壊す	부수다	
見る	보다	
ほめる	칭찬하다	
教える	가르치다	
建てる	세우다	
捨てる	버리다	
来る	오다	
する	하다	

08 다음 문장을 수동문으로 만들어 보세요.

(1) 田中先生は私をほめました。

→ 私は _____。

(2) 母は弟を叱りました。

→ 弟は _____。

(3) どろぼうが私のスマホを盗みました。

→ (私は) _____。

09 다음의 한국어를 참고하여 ( ) 안에 알맞은 표현을 써 넣으세요.

(1) 雨に (降る → _____) ぬれてしまいました。 비를 맞아 젖어버렸습니다.

(2) 昨日友だちに (来る →　　　　　　　　　) 勉強できませんでした。

어제 친구가 와서 공부할 수 없었습니다.

(3) この本は世界中の人に (読む →　　　　　　　) います。

이 책은 온 세계 사람들에게 읽히고 있습니다.

(4) 彼は個性派俳優として (知る →　　　　　　　) います。

그는 개성파 배우로 알려져 있습니다

10 다음은 동사의 사역형입니다. 표 안에 알맞은 활용형을 히라가나로 적어 보세요.

기본형	뜻	사역형
聞く	듣다	
書く	쓰다	
言う	말하다	
読む	읽다	
飲む	마시다	
歌う	노래하다	
働く	일하다	
行く	가다	
泣く	울다	
待つ	기다리다	
買う	사다	
帰る	돌아가다 / 돌아오다	
作る	만들다	
覚える	외우다	
見る	보다	
食べる	먹다	
する	하다	
来る	오다	

11 다음은 일본어 경어의 주요 동사의 특별한 형태를 표로 작성한 것입니다. 빈칸을 채우세요.

동사	존경어	겸양어 · 정중어
行く・来る		
いる		
食べる・飲む		
寝る		—
死ぬ		—
言う		
見る		
する		
知っている		
会う		
あげる	—	
もらう	—	
くれる		—

12 다음 ( ) 안의 동사를 존경의 특별한 형태로 바꿔 쓰세요.

(1) 社長はよくこの写真を (見る →). 사장님은 이 사진을 자주 보십니다.

(2) 今、お客様は部屋に (いる →). 지금 고객님은 방에 계십니다.

(3) 先生、今日はお昼ご飯をどこで (食べる →) か。
선생님, 오늘 점심은 어디서 드세요?

13 다음 ( ) 안의 동사를 존경의 「お + 동사 ます형 + なる」의 활용 형태로 바꿔 쓰세요.

(1) これは朴先生が (書く →) 本です。 이것은 박 선생님이 쓰신 책입니다.

(2) スミス会長は明日アメリカへ (帰る →).
스미스 회장님은 내일 미국으로 돌아가십니다.

(3) 社長、このコンピューターを (使う →) か。
사장님, 이 컴퓨터를 사용하시겠습니까?

14 다음 ( ) 안의 동사를 존경의 **れる・られる**의 형태로 바꿔 쓰세요.

(1) 先輩、コーヒーを (飲む →) か。 선배님, 커피 드실래요?

(2) 課長、新しいノートパソコンを (買う →) んですか。
과장님, 새 컴퓨터 사시는 거에요?

(3) 先生は明日何時に学校へ (来る →) か。 선생님은 내일 몇 시에 학교에 오세요?

15 다음 ( ) 안의 동사를 겸양의 특별한 형태로 바꿔 쓰세요.

(1) 先生がお作りになった料理を (食べる →)。
선생님께서 만드신 음식을 먹습니다.

(2) その仕事は私が (する →)。 그 일은 제가 하겠습니다.

(3) 本屋で先生がお書きになった本を (見た →)。
서점에서 선생님께서 쓰신 책을 봤습니다.

16 다음 ( ) 안의 동사를 겸양의 「**お / ご + 동사 ます형 + する**」의 형태로 바꿔 쓰세요.

(1) そのことは私から田中先生に (話す →)。
그 일은 제가 다나카 선생님께 말씀드리겠습니다.

(2) 明日、この本をスミス先生に (返す →)。
내일 이 책을 스미스 선생님께 돌려 드리겠습니다.

(3) 私の結婚式に田中先生を (招待する →)。
제 결혼식에 다나카 선생님을 초대하겠습니다.

17 다음의 한국어 해석을 참고로 ( ) 안에 알맞은 표현을 써 넣으세요.

(1) お口に合うかどうかわかりませんが、どうぞ (食べる →)。
입에 맞으실지 모르겠지만, 어서 드세요.

(2) 昨日送ったメール、(見る →) 。
어제 보낸 메일, 보셨습니까?

(3) 電話番号をもう一度 (確認する →   )。

전화번호를 다시 한 번 확인해 주세요.

(4) 注文が入ってから (握る →   )。

주문이 들어오면 (초밥을) 만듭니다.

(5) メールは先週 (送る →   )。

메일은 지난주에 보내 드렸습니다.

(6) いつもお世話に (なる →   )。

언제나 신세를 지고 있습니다.

(7) 私が (案内する →   )。

제가 안내해 드릴게요

(8) それでは、発表を (はじめる →   )。

그럼, 발표를 시작하겠습니다.

부록

Unit 01

학습평가

01

(1) おはようございます。韓国はどうでした？

(2) 久しぶりだった（から・ので）楽しかった。

(3) これは「本命(ほんめい)」ではなくて「義理(ぎり)」ですからね。

02

(1) 渡したい / わたしたい　　　(2) 開けても / あけても　　　(3) 飲んでは / のんでは

03

金漢：これ、(별 것 아니지만 → つまらないものですが)、韓国のお土産です。

鈴木：ありがとう！私も渡したいものがあるの。(자, 여기. → はい、これ。)

金漢：わあ！チョコレートですね！

鈴木：(밸런타인데이였잖아? → バレンタインデーだったでしょう。)

　　　これは「本命」じゃなくて ('의리'니까 → 「義理」だからね。)

金漢：ハハ、わかりました。(그럼 잘 먹겠습니다. → では、いただきます。)

2부 학습평가

01

① 義理	ぎり		② 上司	じょうし
③ 広告	こうこく		④ 日本酒	にほんしゅ
⑤ 爽快	そうかい		⑥ 脂肪	しぼう
⑦ 梅酒	うめしゅ		⑧ 焼酎	しょうちゅう
⑨ 本命	ほんめい		⑩ 経済	けいざい
⑪ 義務	ぎむ		⑫ 酒蔵	さかぐら

02　②

Unit 02

`1부` 심화학습 (연습)

(1) ① 誕生日なんです。　　② いたいんです。　　③ 買ったんですか。　　④ 買ったんです。

(2) ① 図書館で勉強しています。　　② 風がふいています。　　③ 彼はもうすでに起きています。

　　④ スーツを着ています。　　⑤ 東京に住んでいます。

학습평가

01

(1) えんせん 버스나 전철의 노선 주변　　(2) ぶっけん (부동산의) 물건　　(3) かいぞう 개조　　(4) やちん 집세

02

(1) 調べてきます・しらべてきます　　　　(2) 歩かなければなりません　　　　(3) みてみたい

03

不動産屋：いらっしゃいませ。

金漢　　：部屋を (찾고 있습니다만 → 探しているんですが。)

不動産屋：どのようなお部屋を (희망하십니까? → ご希望でしょうか) ?

金漢　　：1 LDKで、京急線沿線でお願いしたいです。

不動産屋：この物件は (어떻습니까? → いかがですか)。

金漢　　：家賃や部屋の (방 배치 → 間取り) とかはいいですね。

　　　　　実際にみてみたいです。

不動産屋：わかりました。では、ご (안내 → 案内) します。

`2부` 학습평가

01

① 不動産	ふどうさん	② 空き家	あきや
③ 又貸し	またがし	④ 転貸	てんたい
⑤ 国土交通省	こくどこうつうしょう	⑥ 家主	やぬし
⑦ 一戸建て	いっこだて	⑧ 工務店	こうむてん
⑨ 大工	だいく	⑩ 座布団	ざぶとん
⑪ 京急	けいきゅう	⑫ 固定資産税	こていしさんぜい

02　　②

Unit 03

01

(1) そうじ 청소   (2) かいもの 물건 사기, 장보기   (3) おおがた 대형

(4) しょくひん 식품   (5) にちようひん 일용품   (6) かでん 가전

02

行く	食べる	する	入る
行った	食べた	した	入った
行ったことがある	食べたことがある	したことがある	入ったことがある
行った方がいい	食べた方がいい	した方がいい	入った方がいい
行ったばかりです	食べたばかりです	したばかりです	入ったばかりです
行ったまま	食べたまま	したまま	入ったまま

03

陽子：ハンちゃん、引っ越しは (무사히 → 無事に) 終わった？

金漢：うん。(그럭저럭 → なんとか) ね。でも、掃除をしたり、必要なものを (사러 가거나

     → 買いに行ったり)、しなきゃいけないことがけっこうあるんだ。

陽子：そうか。じゃ、掃除を (한 후에 → した後で)、買い物に行く？

     ちかくに「メガドンキ」ができたんだけど、(간 적 있어 → 行ったことある)？

金漢：まだだけど。何それ？

陽子：ドン・キホーテと大型スーパーが (합쳐진 → 一緒になった) お店だよ。

     食品 (이나 → や) 日用品 (이나 → や) 家電、服まで何でもあるよ。

金漢：今の僕には (딱 좋을 지도 → ちょうどいいかも)。そこに行きたい！

01

① 総合	そうごう	② 富士	ふじ
③ 下請	したうけ	④ 小売業	こうりぎょう
⑤ 食品	しょくひん	⑥ 豆腐	とうふ
⑦ 個性	こせい	⑧ 改装	かいそう
⑨ 売上	うりあげ	⑩ 焼き鳥	やきとり
⑪ 大豆	だいず	⑫ 選ぶ	えらぶ

02   ①

Unit 04

1부 학습평가

01

(1) かいかえ 새로 사서 바꿈　　(2) さいしん 최신　　　　　　　　(3) たいおう 대응

(4) れんどう 연동　　　　　　　(5) つかいほうだい 무제한 사용

02

(1) 送ろう　　　(2) 降る / 吹く　　　(3) 行ってこよう　　　(4) 寝よう　　　(5) 休む

03

お店の人 ： いらっしゃいませ。

金漢　　 ： えっと、スマホを (새로 하려고 → 新しくしよう) と思っているんですが。

お店の人 ： このモデルは (어떠세요? → いかがですか)。ソフトバンクの最新モデルなんですが。

金漢　　 ： いいですね。このモデルは、５Ｇにも対応 (가능한 건가요. → できるんですか)。

お店の人 ： ５Ｇへの対応はまだですが、さまざまな IoT に連動 (할 수 있고 → できますし)、

　　　　　 データも使い放題なので (편리하다고 생각합니다. → 便利だと思います)。

金漢　　 ： IoT の家電を (사용하려고 생각하고 있었기 때문에 → 使おうと思っていたので)、ちょうどいいですね。

2부 학습평가

01

① 同時接続	どうじせつぞく	② 繋がる	つながる
③ 献立	こんだて	④ 遠隔手術	えんかくしゅじゅつ
⑤ 自動運転	じどううんてん	⑥ 通信革命	つうしんかくめい
⑦ 動画	どうが	⑧ 携帯電話	けいたいでんわ
⑨ 弁当箱	べんとうばこ	⑩ 物	もの
⑪ 人工知能	じんこうちのう	⑫ 臨海副都心	りんかいふくとしん

02　②

Unit 05

01

(1) ごちそう 맛있는 음식   (2) わだい 화제

(3) ひょうばん 평판(이 좋음)   (4) とーすたー 토스터(기)

02

(1) 並んで   (2) 入れて   (3) 切って   (4) 開いて

03

智美：すごいご馳走が並んでいるね。全部 (스스로, 직접 → 自分で) 作ったの？

金漢：うん。陽子も一緒に作ったんだ。

    さあ、ビールも (차갑게 해 뒀으니까 → 冷やしてあるから) どんどん飲んでね。

陽子：ちょっと待って！ご飯が (다 됐다 → たきあがった)。とってくるね。

智美：私も一緒に行く！

    これ、今話題の (발뮤다 → バルミューダ) の炊飯器じゃない？

陽子：そう。トースターも (갖췄다 → そろえた) よ！

智美：パンがおいしく (구워진다 → 焼ける) と評判だよね。私もほしいな。

01

① 炊飯器	すいはんき	② 家電製品	かでんせいひん
③ 最小	さいしょう	④ 最大	さいだい
⑤ 洗濯機	せんたくき	⑥ 二重構造	にじゅうこうぞう
⑦ 内釜	うちがま	⑧ 外釜	そとがま
⑨ 硬め	かため	⑩ 米	こめ
⑪ 箸箱	はしばこ	⑫ 牛丼屋	ぎゅうどんや

02   ④

Unit **06**

01

(1) インターネット　　　　(2) e ラーニングシステム

(3) リクルート　　　　　　(4) アプリ (또는 アプリケーション)

02

(1) 食べられません　　(2) 読める/ 書けない　　(3) 起きられるように

(4) できるか　　　　　(5) ことになりました　　(6) みつける

03

金漢：来月からネットで社内教育が (받을 수 있도록 → 受けられるように)

　　　e ラーニングシステムを導入すると発表があったんです。

野村：へえ！じゃ、これからはいつでも好きなときに (공부할 수 있게 되네요 → 勉強できるようになります) ね。

金漢：リクルートから出ている (앱을 사용하게 되다 → アプリを使うことになる) んですけど、

　　　すべて日本語なんです。授業に (따라갈 수 있을지 → ついていけるか) 心配です。

野村：大丈夫ですよ。ネット授業は何度でも

　　　(반복해서 볼 수 있으니까요 → 繰り返して見ることができますから)。

01

① 人材派遣	じんざいはけん	② 就職氷河期	しゅうしょくひょうがき
③ 仮想現実	かそうげんじつ	④ 通信制	つうしんせい
⑤ 人材不足	じんざいぶそく	⑥ 年金問題	ねんきんもんだい
⑦ 所得格差	しょとくかくさ	⑧ 不登校者	ふとうこうしゃ
⑨ 頑張れ	がんばれ	⑩ 回転寿司	かいてんずし
⑪ 縄梯子	なわばしご	⑫ 綱引き	つなひき

02　　③

Unit 07

01

(1) ばくはつがおこる 폭발이 일어나다

(2) げんしょう 현상

(3) えいきょうがでる 영향이 나타나다

(4) こしょう 고장

02

(1) 上手だそう

(2) 留守のよう

(3) 引っ越したらしい

(4) おいしいよう

(5) 降りそう

03

金漢：ニュース (에 의하면 → によると)、人工衛星が故障したり、

　　　GPSや通信機器に影響が出る可能性が (있다고 한다 → あるそうだ) よ。

陽子：今朝カーナビの調子がおかしかったけど、(그 탓인가 → そのせいかな)？

金漢：僕のスマホの地図アプリに (이상은 없는 듯한데 → 異常はないようだけど)。

　　　普通に生活するにはそれほど心配することは (없다고 해 → ないらしい) よ。

陽子：じゃ、カーナビは故障かな？

01

① 太陽	たいよう	② 黒点	こくてん
③ 磁場	じば	④ 位置情報	いちじょうほう
⑤ 大爆発	だいばくはつ	⑥ 衝撃波	しょうげきは
⑦ 人工衛星	じんこうえいせい	⑧ 支障	ししょう
⑨ 低減	ていげん	⑩ 電力消費	でんりょくしょうひ
⑪ 環境汚染	かんきょうおせん	⑫ 地中熱	ちちゅうねつ

02　　④

Unit **08**

`1부` 학습평가

01

(1) けいざい 경제 (2) きんゆう 금융 (3) まんが 만화 (4) とうしぶ 투자부

02

(1) 行くと (2) 頭痛なら (3) あれば (4) 面白かったら

03

金漢 : 今朝の会議、(지쳤어요 → 疲れました)。

　　　経済や金融の用語がたくさん (나오면 → 出てくると)、頭が痛くなります。

野村 : 経済や金融の用語が (서툴다면, 잘 모른다면 → 苦手なら)、この漫画がおススメですよ。

　　　『インベスターZ』という漫画です。(읽어 보면 → 読んでみたら) どうですか。

金漢 : どういう内容ですか。

野村 : 主人公が高校の投資部に入って活躍する漫画で、(이것을 읽으면 → これを読めば)、

　　　経済・投資を基本から勉強できるって (평이 좋아요/인기예요 → 評判なんです)よ。

金漢 : この漫画なら楽しく (공부할 수 있을 것 같아요 → 勉強できそうです) ね。

　　　どこで (살 수 있는 거예요? → 買えるんですか)。

野村 : 駅前の書店でも売っています。(괜찮다면 → よかったら) 今日の帰りに寄ってみたらどうですか。

`2부` 학습평가

01

① 講談社	こうだんしゃ	② 取締役	とりしまりやく
③ 集英社	しゅうえいしゃ	④ 元暴走族総長	もとぼうそうぞくそうちょう
⑤ 小学館	しょうがくかん	⑥ 闇金融	やみきんゆう
⑦ 裏経済	うらけいざい	⑧ 利回り	りまわり
⑨ 利益	りえき	⑩ 損害	そんがい
⑪ 手塚治虫	てづかおさむ	⑫ 負債	ふさい

02　　②

Unit 09

01

(1) おわらいげいにん 코미디 예능인　　(2) ばつぐん 발군, 매우 뛰어남

(3) そのかわり 그 대신　　(4) どうりょう 동료

02

(1) 買ってくれました　　(2) 教えてもらった

(3) 貸してあげた　　(4) 手伝ってくれました

03

陽子：この記事面白いよ。お笑い芸人の特集。

金漢：あ、明石家さんまだ。

陽子：ハンちゃん、よく (잘 알고 있네 → 知っているね)。

金漢：ツッコミのセンスが抜群だって、同僚の野村さんに (가르쳐 받았어 → 教えてもらったんだ)。

　　　日本のお笑いライブに一度 (가 보고 싶다 → 行ってみたい) な。

陽子：じゃ、行く？チケットぴあのアカウント持ってるから、チケットを (끊어 주다 → とってあげる) よ。

　　　これ、(재미있을 것 같지 않아?/재미있어 보이지 않아? → 面白そうじゃない) ？

金漢：いいね！今週末の (티켓을 끊어 줄래? → チケットをとってくれる) ？

陽子：いいよ。その代わり (저녁밥 사 → 夕飯おごって) ね。

01

① 漫才	まんざい	② 役割	やくわり
③ 俳優	はいゆう	④ 身ぶり手ぶり	みぶりてぶり
⑤ 布団	ふとん	⑥ 扇子	せんす
⑦ 手拭い	てぬぐい	⑧ 駄洒落	だじゃれ
⑨ 自慢話	じまんばなし	⑩ 愚痴	ぐち
⑪ 連想	れんそう	⑫ 芸人	げいにん

02　③

Unit 10

`1부` 학습평가

01

(1) このあいだ 요전에, 며칠 전에   (2) こじんじょうほう 개인정보

(3) びっくりする 깜짝 놀라다   (4) なんのうたがいもなく 아무 의심도 없이

02

(1) ほめられました   (2) 降られて   (3) 来られて   (4) 読まれています

03

金漢：この間、智美から変な (메일 도착 안 했어? → メール届いてなかった)？

陽子：そうそう！びっくりした。あれ、智美が送ったんじゃなくて、個人情報を
　　　(도둑맞아서 → 盗まれて) アドレスが (사용되었다고 해 → 使われたんだって)。

金漢：最近増えてきた (스미싱이라는 사기 → スミッシングという詐欺) だよね。

陽子：智美に (보여 줬다 → 見せてもらった) んだけど、グーグルのロゴが使われていたの。

金漢：だから何の疑いもなく個人情報を (입력해 버렸다 → 入力しちゃった) のか……。

陽子：私も (조심해야겠다 → 気をつけないと)。知らないアドレスからメールが来たら、
　　　そこに (쓰여 있는 → 書かれている) URLはクリックしないことね。

金漢：そう。だまされ (~(하)지 않도록 → ないように)！

`2부` 학습평가

01

① 警視庁	けいしちょう		② 詐欺	さぎ
③ 誘導	ゆうどう		④ 手法	しゅほう
⑤ 逮捕	たいほ		⑥ 偽物	にせもの
⑦ 個人情報	こじんじょうほう		⑧ 容疑者	ようぎしゃ
⑨ 罠	わな		⑩ 仕組み	しくみ
⑪ 支払い	しはらい		⑫ 生年月日	せいねんがっぴ

02   ③

Unit **11**

1부 학습평가

01

(1) しぶやゆき 시부야행 (2) てんらくぼうし 추락방지

(3) よっぱらう 술취하다 (4) なんともいえない 뭐라고 말하기 어렵다

02

(1) 書かせたり / 覚えさせたり (2) やっているところ

(3) 静かにしてほしい (4) 食べさせられました

03

金漢：そういえば、東横線もホームドアを (설치하게 하는 중 → 設置させているところ) ですよね。

駅員：転落防止に (가장 효과가 있기 때문에 → 一番効果があるので)、車両を変更させたりして進めています。

金漢：(추락하지 않게 하기 위해서 → 転落させないため) か。酔っぱらった人とかは本当に危ないですよね。

駅員：気をつけてほしいですけど、僕も (상사 때문에 마지못해 술을 마시는 → 上司に飲まれる) 場合があるので何ともいえないですね。

2부 학습평가

01

① 転落	てんらく	② 事故防止	じこぼうし
③ 安全対策	あんぜんたいさく	④ 人身事故	じんしんじこ
⑤ 急行	きゅうこう	⑥ 通勤特急	つうきんとっきゅう
⑦ 各駅停車	かくえきていしゃ	⑧ 無人化	むじんか
⑨ 並行	へいこう	⑩ 直角	ちょっかく
⑪ 酔客	すいきゃく	⑫ 終電	しゅうでん

02   ②

Unit 12

1부

학습평가

01

(1) よやく 예약　　　　　(2) すませる 끝내다, 마치다

(3) うけつけ 접수　　　　(4) てつづき 수속, 절차

02

(1) 召し上がってください　　　(2) いらっしゃいますか　　　(3) ご覧になりましたか

03

ロボット：いらっしゃいませ。「変なホテル」へ (어서 오세요 → ようこそ)。

　　　　　チェックインのお客様は 1 を (눌러 주세요 → 押してください)。

　　　　　本日の宿泊者データを確認しますので、お名前をフルネームで

　　　　　(말씀해 주세요 → おっしゃってください)。

　　　　　ご来館ありがとうございます。

　　　　　宿泊者カードにお名前、電話番号を (기입하신 후 → ご記入の上)、

　　　　　下のポストに (넣어 주세요 → お入れください)。

　　　　　終わりましたら 2 を押してください。右のタッチパネルに移動し、

　　　　　(수속(절차)을 밟아 주세요 → お手続きください)。

　　　　　以上でチェックインは完了です。

2부　학습평가

01

① 宿泊料金	しゅくはくりょうきん		② 格安航空券	かくやすこうくうけん
③ 快適性	かいてきせい		④ 人件費	じんけんひ
⑤ 供給過剰	きょうきゅうかじょう		⑥ 低金利	ていきんり
⑦ 都道府県	とどうふけん		⑧ 朝食	ちょうしょく
⑨ 合併	がっぺい		⑩ 上場	じょうじょう
⑪ 徒歩	とほ		⑫ 繁華街	はんかがい

02　④

Unit 13

1부 학습평가

01

(1) たべほうだい 무한 리필, 뷔페　　(2) ようしょく 양식

(3) てごろだ 적당하다, 알맞다　　　(4) てんねん 천연, 자연산

02

(1) お送りしました　　　　　　　(2) なっております

(3) ご案内しましょう　　　　　　(4) はじめさせていただきます

03

店員：(몇 분 → 何名さま) でしょうか。

金漢：二人です。

店員：こちらのカウンター席で (괜찮으세요? → よろしいでしょうか)。

部長：はい、大丈夫です。

店員：すぐメニューを (가져오겠습니다(겸양) → お持ちします) ね。

部長：(계산 → お会計) お願いします。あー！うまかった！よくこの値段でやっていますね。

店員：養殖マグロなので、お手頃な値段で (제공하고 있습니다(겸양) → 提供いたしております)。

金漢：養殖マグロだったんですか！本当においしくて (자연산인가 → 天然か) と思いました。

店員：人工知能が (먹이의 양 → 餌の量) や (수온 → 水温) などを管理しているそうです。

　　　一定の品質を保証してくれるので (도움이 됩니다 → 助かります)。

部長：そうか！マグロもAIの時代ですね。

2부 학습평가

01

① 人工知能	じんこうちのう	② 電通国際情報	でんつうこくさいじょうほう
③ 無線通信	むせんつうしん	④ 養殖事業	ようしょくじぎょう
⑤ 大手商社	おおてしょうしゃ	⑥ 輸入冷凍	ゆにゅうれいとう
⑦ 漁獲規制	ぎょかくきせい	⑧ 走行距離	そうこうきょり
⑨ 取り組み	とりくみ	⑩ 出荷量	しゅっかりょう
⑪ 餌代	えさだい	⑫ 塩分濃度	えんぶんのうど

02　　③

Unit 01

회화

김　한 : 스즈키 씨, 안녕하세요?

스즈키 : 좋은 아침! 한국은 어땠어?

김　한 : 오랜만이었기 때문에 즐거웠어요. 이거 별거 아니지만, 한국에서 가져온 선물이에요.

스즈키 : 고마워! 나도 건네 주고 싶은 것이 있어. 자, 이거

김　한 : 지금 열어도 돼요? 와! 초콜렛이네요.

스즈키 : 밸런타인데이였잖아? 이건 '진심 초코'가 아니라 '의리 초코'니까.

김　한 : 하하, 알겠습니다. 그럼 잘 먹겠습니다!

Unit 02

회화

부동산 직원 : 어서 오세요.

김　한 : 방을 찾고 있습니다만.

부동산 직원 : 어떤 방을 희망하시는지요?

김　한 : 방 하나에 거실, 주방, 부엌이 있는 구조로, 게이큐선 근처로 부탁드립니다.

부동산 직원 : 알겠습니다. 그럼 바로 조사해 오겠습니다.

(잠시 후에)

부동산 직원 : 이 물건은 어떠세요? 빈집을 개조한 것으로 역에서부터는 조금 걷지 않으면 안 됩니다만.

김　한 : 방값이나 방의 배치는 좋네요. 실제로 보고 싶어요.

부동산 직원 : 알겠습니다. 그럼 안내해 드리겠습니다.

Unit 03

회화

요　코 : 한짱, 이사는 무사히 끝났어?

김　한 : 응. 그럭저럭. 그래도 청소를 하거나 필요한 물건을 사러 가거나 해야 할 일이 꽤 있어.

요　코 : 그렇구나. 그럼 청소한 뒤에 물건 사러 갈까? 근처에 '메가 돈키'가 생겼는데, 간 적 있어?

김　한 : 아직인데. 뭐야 그게?

요　코 : 돈키호테와 대형 슈퍼가 합쳐진 매장이야. 식품이나 일용품이나 가전, 옷까지 뭐든지 있어.

김　한 : 지금의 나에게는 딱 좋을지도. 거기 가고 싶어!

Unit 04

회화

점　원 : 어서 오세요

김　한 : 저, 스마트폰을 새로 하려고 하는데요.

점　원 : 스마트폰을 새로 바꾸려고 하시는군요. 이쪽으로 오세요.

(매장 안으로 이동한다)

이 모델은 어떠세요? 소프트뱅크의 최신 모델인데요.

김　한 : 좋네요. 이 모델은 5G에도 대응할 수 있나요?

점　원 : 5G 대응은 아직입니다만, 다양한 IoT에 연동 가능하고 데이터도 무제한이어서 편리하실 겁니다.

김　한 : IoT 가전을 사용하려고 생각하고 있어서요, 딱 좋네요. 그럼 이걸로 부탁드립니다.

Unit 05

회화

도모미 : 굉장히 진수성찬이네. 전부 직접 만든 거야?

김　한 : 응. 요코도 같이 만들었어.
자, 맥주도 시원하게 해 두었으니 많이 마셔.

요　코 : 잠깐 기다려! 밥이 다 됐어. 가져올게.

도모미 : 나도 같이 가!

(부엌으로 이동)

도모미 : 이거, 지금 화제가 되고 있는 발뮤다 밥솥 아니야?

요　코 : 그래. 토스터기도 갖춰 놨지!

도모미 : 빵이 맛있게 구워진다고 평이 좋지. 나도 갖고 싶다.

Unit 06

회화

김　한 : 노무라 씨, 인터넷으로 수업을 받은 적이 있어요?

노무라 : 네, 있어요. 저 통신제 고등학교였어요. 왜요?

김　한 : 다음 달부터 인터넷으로 사내 교육을 받을 수 있도록 이러닝 시스템을 도입한다고 발표가 났어요.

노무라 : 그래요? 그럼 이제부터는 언제든 하고 싶을 때에 공부할 수 있겠네요.

김　한 : 리쿠르트에서 나온 앱을 사용하게 되는데요, 전부 일본어예요.
수업에 잘 쫓아갈 수 있을지 걱정이에요.

노무라 : 괜찮아요. 인터넷 수업은 몇 번이나 반복해서 볼 수 있으니까.

Unit **07**

회화

김　한 : 요코, 어제 뉴스 봤어? 태양 플레어에 관한 것.

요　코 : 봤어, 봤어! 태양 흑점에서 폭발이 일어나는 현상 말이지?

김　한 : 그래. 뉴스에 의하면 인공위성이 고장나거나, GPS나 통신기기에 영향이 나타날 가능성이 있다고 해.

요　코 : 오늘 아침 자동차 내비게이션 상태가 이상했는데, 그 때문인가?

김　한 : 내 스마트폰 지도 앱에 이상은 없는 것 같은데. 일상생활하는 데에는 그다지 걱정할 일은 없대.

요　코 : 그럼 자동차 내비는 고장인가?

Unit **08**

회화

김　한 : 오늘 아침 회의, 힘들었어요. 경제나 금융의 용어가 많이 나오면 머리가 아파져요.

노무라 : 경제나 금융 용어를 잘 모른다면 이 만화를 추천해요. 『인베스터 Z』라는 만화예요. 읽어 보면 어때요?

김　한 : 어떤 내용이에요?

노무라 : 주인공이 고등학교 투자 동아리에 들어가서 활약하는 만화로, 이걸 읽으면 경제·투자를 기본부터 공부할 수 있다고 해서 인기가 있어요.

김　한 : 이 만화라면 즐겁게 공부할 수 있을 것 같네요. 어디서 살 수 있어요?

노무라 : 역 앞 서점에서도 팔고 있어요. 괜찮다면 오늘 퇴근길에 들러 보면 어때요?

Unit **09**

회화

요　코 : 이 기사 재미있어. 코미디언 특집.

김　한 : 아, 아카시아 삼마다.

요　코 : 한짱, 잘 알고 있네.

김　한 : 츳코미의 센스가 매우 뛰어나다고 동료인 노무라 씨가 가르쳐 줬어.
일본 코미디 라이브 한번 가 보고 싶다.

요　코 : 그럼 갈래? 티켓 피아의 계정 가지고 있으니까, 티켓을 끊어 줄게.
(휴대전화로 코미디 라이브를 검색한다)
이거, 재미있을 것 같지 않아?

김　한 : 좋다! 이번 주말 티켓을 끊어 줄래?

요　코 : 좋아. 그 대신 저녁밥 사!

Unit **10**

회화

김　한 : 며칠 전에 도모미로부터 이상한 메일 오지 않았어?

요　코 : 맞아! 깜짝 놀랐어. 그거, 도모미가 보낸 게 아니라 개인 정보를 도둑맞아 메일 주소가 사용되었다고 해.

김　한 : 최근에 증가한 스미싱이라고 하는 사기지?

요　코 : 도모미가 보여 줬는데, 구글의 로고가 사용되었어.

김　한 : 그래서 아무 의심도 없이 개인 정보를 입력해 버렸구나.

요　코 : 나도 조심하지 않으면 안 되겠다. 모르는 주소로 메일이 오면 거기 쓰여 있는 URL은 클릭하지 않는 게 좋겠어.

김　한 : 그래. 사기당하지 않도록!

Unit **11**

회화

김　한 : 실례하겠습니다. 시부야행 전철은 이 홈에서 타나요?

역무원 : 네, 여기 4번 플랫폼입니다.

김　한 : 감사합니다.

(안내방송)
3번 선(3번 홈)에 전철이 옵니다.
홈도어(스크린 도어)에서 손이나 얼굴을 내밀거나 기대어 서는 것은 삼가 주세요.

김　한 : 그러고 보니 도큐토요코선도 스크린 도어를 설치하게 하는 중이지요.

역무원 : 추락 방지에 가장 효과가 있기 때문에 차량을 변경하거나 하여 (일을) 진행하고 있습니다.

김　한 : 추락시키지 않기 위해서구나. 술 취한 사람은 정말 위험하죠.

역무원 : 조심해 줬으면 좋겠는데요, 저도 상사로 인해 (상사 때문에) 억지로 마시는 경우가 있어서 뭐라고 말하기 어렵네요.

김　한 : 그렇군요. 술 취해도 스크린 도어가 있으면 안심이네요.

Unit 12

회화

부　장 : 여기가 소문의 '헨나호텔'인가.
김　한 : 네, 예약은 인터넷으로 완료해 두었습니다.
부　장 : 그럼 들어가자.
(접수처 앞)
로　봇 : 어서 오세요. '헨나호텔'에 환영합니다.
　　　　체크인 고객께서는 1을 눌러 주세요.
(1을 누른다)
로　봇 : 오늘의 숙박자 데이터를 확인하겠으니 성함을
　　　　풀네임으로 말씀해 주세요.
부　장 : 다나카 타쿠야
로　봇 : 호텔에 와 주셔서 감사합니다.
　　　　숙박자 카드에 성함, 전화번호를 기입하신 후
　　　　아래의 포스트에 넣어 주세요.
　　　　끝나시면 2를 눌러 주세요. 오른쪽 터치패널
　　　　로 이동해 수속해 주세요.
　　　　이상으로 체크인은 완료입니다.
(룸키를 받는다)
부　장 : 벌써 끝? 이거면 된 건가? 편리한 시대가 됐군.
김　한 : 그렇네요.

Unit 13

회화

점　원 : 몇 분이세요?
김　한 : 두 명입니다.
점　원 : 이쪽 카운터 자리 괜찮으세요?
부　장 : 네, 괜찮습니다.
점　원 : 곧 메뉴를 가져오겠습니다.
(메뉴를 가져온다)
　　　　매주 화요일은 참치 무한 리필을 하고 있습니다.
　　　　이 메뉴 중에서 좋아하는 것을 골라 주세요.
　　　　주문이 들어오면 (초밥을) 만듭니다.
(식사가 끝나고)
부　장 : 계산 부탁드립니다. 아! 맛있었다! 용케 이 가
　　　　격으로 운영하고 있네요.
점　원 : 양식 참치이기 때문에 저렴한 가격으로 제공
　　　　하고 있습니다.
김　한 : 양식 참치였어요? 정말 맛있어서 자연산인가
　　　　생각했습니다.
점　원 : 인공 지능이 먹이의 양이나 수온 등을 관리하
　　　　고 있다고 해요.
　　　　일정한 품질을 보증해 주니 도움이 됩니다.
부　장 : 그렇구나! 참치도 AI의 시대군요.

Unit 01

ハッピー

バレンタインデー

ふつうしゅ(普通酒)

ブランド

ベルギー

ホワイトデー

ほんめい(本命)

ほんらい(本来)

もとめる(求める)

やはり

やまぐちけん(山口県)

よう(酔う)

ヨーロッパ

わかる

わたす(渡す)

Unit 02

あきや(空き家)

あこがれ(憧れ)

あさくさせん(浅草線)

アフターケア

アベノミクス

あるく(歩く)

あんないする(案内する)

いっこだて(一戸建て)

いらっしゃいませ

インテリア

えんせん(沿線)

おおたく(大田区)

かいぞうする(改造する)

かながわけん(神奈川県)

かわさきし(川崎市)

きぼう(希望)

きょうきゅうかじょう(供給過剰)

けいえい(経営)

けいきゅう(京急)

けいきゅうせん(京急線)

けいせいでんてつ(京成電鉄)

けいひんきゅうこうでんてつ(京浜急行電鉄)

こうむてん(工務店)

こうれいか(高齢化)

こくどこうつうしょう(国土交通省)

こていしさんぜい(固定資産税)

こみんかふう(古民家風)

さがす(探す)

さかん(左官)

さっそく

サブコン

ざぶとん(座布団)

サブリース

じっさいに(実際に)

しながわく(品川区)

しょうしか(少子化)

しらべる(調べる)

じんこうげんしょう(人口減少)

すいどう(水道)

ゼネコン

そしょう(訴訟)

だいく(大工)

たいさく(対策)

たけなか(竹中)

たたみ(畳)

ちゃぶだい(ちゃぶ台)

ちらし(散らし)

Unit 03

スウィーツ

スーパー

スリーエフ

そうごう(総合)

そうじ(掃除)

たいししょくひんこうぎょう(太子食品工業)

ダブルブランド

ちかく

ちゅうぶ(中部)

ちょうど

ツール

ディスカウントストア

できる

とうかい(東海)

とうかいちいき(東海地域)

とうふメーカー(豆腐メーカー)

とうほく(東北)

とくしまけん(徳島県)

ドミナント

ドン・キホーテ

なんとか

にちようひん(日用品)

パック

ハンバーガーチェーン

ひっこし(引っ越し)

ひつようだ(必要だ)

ファストキッチン

ふく(服)

ぶじに(無事に)

ふじフィルム(富士フィルム)

プライベートブランド

メガドンキ

めぐろく(目黒区)

モールがた(モール型)

もちぽにょ

やきとり(焼き鳥)

ユニー

よんこいり(四個入り)

ラスパ

ローソン

ロゴ

Unit 04

アクター

あたらしい(新しい)

いどうする(移動する)

いどうたいつうしん(移動体通信)

いどうつうしん(移動通信)

いらっしゃいませ

ウェアラブル

ウェブ

うでどけい(腕時計)

うりば(売り場)

エアホッケー

えんかくしゅじゅつ(遠隔手術)

エンドユーザー

かいかえ(買い替え)

かかせない(欠かせない)

かたかけしき(肩掛け式)

かつよう(活用)

けいたいでんわ(携帯電話)

ゲーム

こくさいでんきつうしんれんごう
(国際電気通信連合)

Unit 05

カメラ

キッチン

きゃく(客)

ぎゅうどんや(牛丼屋)

ごちそう(ご馳走)

こめ(米)

さいしょう(最小)

さいだい(最大)

シャープ

じょうき(蒸気)

しょうひん(商品)

すいはんき(炊飯器)

すごい

せんたくき(洗濯機)

そとがま(外釜)

そろえる

たきあがる(炊きあがる)

たく(炊く)

たのしさ(楽しさ)

だけ

ちょっと

てあし(手足)

でてくる(出てくる)

てらお(寺尾)

テレビ

でんしレンジ(電子レンジ)

でんわ(電話)

トースター

とる

どんどん

ならぶ(並ぶ)

にじゅうこうぞう(二重構造)

ねばりけ(粘りけ)

はしばこ(箸箱)

パソコン

パナソニック

はる(張る)

バルミューダ

バルミューダ・ザ・ゴハン

パン

ビール

ひやす(冷やす)

ひょうばん(評判)

ファックス

ふううんじ(風雲児)

ほしい

まつ(待つ)

みず(水)

もりあがる(盛り上がる)

やける(焼ける)

よろこぶ(喜ぶ)

ラーメンや(ラーメン屋)

れいぞうこ(冷蔵庫)

ロボットこうがく(ロボット工学)

ロボティックス

わだい(話題)

Unit 06

アプリ

アプリケーション

いけいじま(伊計島)

いちぶ(一部)

eラーニングシステム

インターネット

うける(受ける)

うみかぜ(海風)

おきなわ(沖縄)

おくりだす(送り出す)

かいてんずし(回転寿司)

かがく(科学)

がくしゅう(学習)

がくしゅうけんきゅうしゃ(学習研究社)

かそうげんじつ(仮想現実)

がっけん(学研)

がってんがいく(合点がいく)

かつやく(活躍)

ガテンけい(ガテン系)

かどかわ(角川)

がんばれ(頑張れ)

きゅうじんこうこく(求人広告)

きゅうじんじょうほうし(求人情報誌)

くじびき(籤引き)

クラスジャパンプロジェクト

くりかえす(繰り返す)

けんちく(建築)

こうこう(高校)

こうとうがっこう(高等学校)

こくりつこくごけんきゅうじょ(国立国語研究所)

コラボレーション

コンペ

じしょ(辞書)

じちたい(自治体)

じてん(事典)

しゃかい(社会)

しゃないきょういく(社内教育)

しゅうしょくひょうがき(就職氷河期)

じゅぎょう(授業)

しょとくかくさ(所得格差)

しろながすくじら(白長須鯨)

じんこうげんじつかん(人工現実感)

じんざいはけん(人材派遣)

じんざいぶそく(人材不足)

しんじぎょう(新事業)

しんぱい(心配)

ぞくご(俗語)

たかい(高い)

たくさん

ちゅうがくコース(中学コース)

ちょうりし(調理師)

ついていく

つうしんせい(通信制)

つかう(使う)

つなひき(綱引き)

どうにゅうする(導入する)

どぼく(土木)

ドワンゴがくえん(ドワンゴ学園)

なかじまたけし(中島武)

ならし(奈良市)

なわばしご(縄梯子)

なんどでも(何度でも)

ニコニコどうが(ニコニコ動画)

ネットじゅぎょう(ネット授業)

ねんきんもんだい(年金問題)

のうりょく(能力)

はっぴょう(発表)

ひじょうに(非常に)

ふとうこうしゃ(不登校者)

フリーター

ブルーカラー

みつける(見つける)

メンタル

やくわり(役割)

よこはまスタジアム(横浜スタジアム)

リクルート

れんだく(連濁)

Unit 07

いじょう(異常)

いちじょうほう(位置情報)

えいきょう(影響)

おうべい(欧米)

オーロラ

おかしい

カーナビ

かえん(火炎)

かのうせい(可能性)

かんきょうおせん(環境汚染)

かんそく(観測)

きょっこう(極光)

けいざいせい(経済性)

ゲームアプリ

けさ(今朝)

げんしょう(現象)

こくてん(黒点)

こしょうする(故障する)

しこく(四国)

ししょうがない(支障がない)

じば(磁場)

じばんちんか(地盤沈下)

じゅみょう(寿命)

しょうエネルギー(省エネルギー)

しょうげきは(衝撃波)

じんこうえいせい(人工衛星)

スマホ

スマートフォン

せいかつする(生活する)

それほど

だいばくはつ(大爆発)

たいようこくてん(太陽黒点)

たいようフレア(太陽フレア)

たいようめんばくはつ(太陽面爆発)

ちずアプリ(地図アプリ)

ちちゅうねつ(地中熱)

ちゅうごく(中国)

ちょうし(調子)

つうしんきき(通信機器)

ていげん(低減)

でんりょくしょうひ(電力消費)

ナイアンティック

なんきょく(南極)

ニュース

ねつエネルギー(熱エネルギー)

はいしゅつりょう(排出量)

ばくはつ(爆発)

ヒートアイランドげんしょう
(ヒートアイランド現象)

ヒートポンプシステム

ふきゅう(普及)

ふつうに(普通に)

プラズマ

ぼうさいせい(防災性)

ポケモンゴー

ほっかいどう(北海道)

ほっきょく(北極)

もえあがり(燃え上がり)

よくせい(抑制)

りくべつちょう(陸別町)

りよう(利用)

Unit 08

あたま(頭)

いたい(痛い)

いちわり(一割)

インベスターZ

うら(裏)

うらけいざい(裏経済)

うる(売る)

えきまえ(駅前)

おススメ

おもて(表)

かいぎ(会議)

かいちょう(会長)

かかりちょう(係長)

がくせい(学生)

かちょう(課長)

かつやくする(活躍する)

がめん(画面)

きほん(基本)

キングダム

きんゆう(金融)

けいざい(経済)

けいたい(携帯)

こうだんしゃ(講談社)

ごわり(五割)

サラリーマン

サラリーマンきんたろうシリーズ
(サラリーマン金太郎シリーズ)

しまこうさくシリーズ(島耕作シリーズ)

しゃちょう(社長)

しゅうえいしゃ(集英社)

しゅじんこう(主人公)

しょうがくかん(小学館)

じょうむ(常務)

しょてん(書店)

せんたくし(選択肢)

せんむ(専務)

そんがい(損害)

たのしい(楽しい)

つかれる(疲れる)

てづかおさむぶんかしょう(手塚治虫文化賞)

トイチ

とうし(投資)

とうしぶ(投資部)

とおか(十日)

トゴ

とりしまりやく(取締役)

とんでもない

ないよう(内容)

にがて(苦手)

バイブル

はらやすひさ(原泰久)

ビッグコミックスピリッツ

ひろかねけんし(弘兼憲史)

ふさい(負債)

ぶちょう(部長)

プロスペクトりろん(プロスペクト理論)

ベスト

ベンチャーけいえいしゃ(ベンチャー経営者)

まつした(松下)

まなぶ(学ぶ)

まなべしょうへい(真鍋昌平)

まんが(漫画)

みたのりふさ(三田紀房)

モーニング

もとぼうそうぞくそうちょう(元暴走族総長)

もとみやひろし(本宮ひろ志)

やみきんウシジマくん(闇金ウシジマくん)

やみきんゆう(闇金融)

ヤング

ヤングジャンプ

ようご(用語)

よる(寄る)

りえき(利益)

りまわり(利回り)

Unit 09

アカウント

あかしやさんま(明石家さんま)

あたる(当たる)

いちど(一度)

オーバーリアクション

おごる

おしえる(教える)

おち(落ち)

オヤジギャグ

おわらいげいにん(お笑い芸人)

おわらいタレント(お笑いタレント)

おわらいライブ(お笑いライブ)

おわり(終り)

カウンターカルチャー

きじ(記事)

きち(機知)

きりかえす(切り返す)

けんさく(検索)

コメディアン

ゴルフ

こんしゅうまつ(今週末)

コンビ

しかいしゃ(司会者)

しずむ(沈む)

じまんばなし(自慢話)

しゃれ(洒落)

しょうふくていさんま(笑福亭さんま)

しょうふくていまつのすけ(笑福亭松之助)

じんないとものり(陣内智則)

すぎもとたかふみ(杉本高文)

せいざ(正座)

センス

せんす(扇子)

そのかわり(その代わり)

だじゃれ(駄洒落)

タモリ

ちから(力)

チケットぴあ

チケットをとる

ツッコミ(突っ込み)

ツッコミを入れる

つまらない

でっぱ(出っ歯)

てぬぐい(手拭い)

トイレ

どうりょう(同僚)

トーク

とくしゅう(特集)

ノリツッコミ

はいゆう(俳優)

ばつぐん(抜群)

ひとりコント(一人コント)

ビートたけし

ひょうじょう(表情)

ぴんげいにん(ピン芸人)

ブクブク

ふっとぶ(吹っ飛ぶ)

ふとん(布団)

ホールインワン

ぼけ(呆け)

ほん(本)

まんざい(漫才)

みぶりてぶりで(身振り手振りで)

メンバー

もっている(持っている)

もりあげる(盛り上げる)

ようし(養子)

らくご(落語)

らくごか(落語家)

ラジオパーソナリティー

れんそう(連想)

わかもの(若者)

わかやまけん(和歌山県)

夕飯(ゆうはん)

Unit 10

アップル

アドレス

うたがい(疑い)

SMSフィッシング

おくる(送る)

かぎマーク(鍵マーク)

かたる(騙る)

きぎょう(企業)

きゅうぞう(急増)

きをつける(気をつける)

ぎんこう(銀行)

グーグル

グーグルのロゴ

クリック

クリックする

クレジットカード

けいさつしょ(警察署)

けいしちょう(警視庁)

こじんじょうほう(個人情報)

このあいだ(この間)

さいきん(最近)

しくみ(仕組み)

しはらい(支払い)

しゅほう(手法)

ショートメッセージサービス

しる(知る)

スミッシングさぎ(スミッシング詐欺)

せいねんがっぴ(生年月日)

そうじゅしん(送受信)

たいほ(逮捕)

たこくせききぎょう(多国籍企業)

だましとる(騙し取る)

だます

つかう(使う)

てぐち(手口)

てにいれる(手に入れる)

とどく(届く)

にせのサイト(偽のサイト)

にせもの(偽物)

にゅうりょく(入力)

ぬすむ(盗む)

はんざい(犯罪)

ひがいしゃ(被害者)

びっくりする

ふえつづける(増え続ける)

ふえる(増える)

へんだ(変だ)

ほうめん(方面)

ほんみょう(本名)

ほんもの(本物)

みりょくてき(魅力的)

ゆうどう(誘導)

ようぎしゃ(容疑者)

わな(罠)

Unit 11

あかいろ(赤色)

アナウンス

あぶない(危ない)

あんしん(安心)

あんぜんたいさく(安全対策)

イ・スヒョン(李秀賢)

おおさかし(大阪市)

おやめください

かいこうぶ(開口部)

かくえきていしゃ(各駅停車)

かしいせん(香椎線)

かどうしき(可動式)

きゅうこう(急行)

きんきちほう(近畿地方)

こうか(効果)

こくてつ(国鉄)

さくげん(削減)

しぶやえき(渋谷駅)

しぶやゆき(渋谷行き)

しゃしょう(車掌)

しゃりょう(車両)

しゅうでん(終電)

じょうし(上司)

しんおおくぼえき(新大久保駅)

しんおおさかえき(新大阪駅)

じんしんじこ(人身事故)

すいきゃく(酔客)

スクリーンドア

すすめる(進める)

せっしょくじこぼうし(接触事故防止)

せっちする(設置する)

JRきゅうしゅう(JR九州)

JRにしにほん(JR西日本)

そういえば

たえる(耐える)

ちゅうごくちほう(中国地方)

ちょうじゃばるえき(長者原駅)

ちょっかく(直角)

ごうか(豪華)

ごらいかん(ご来館)

させぼし(佐世保市)

さわだひでお(澤田秀雄)

じしん(自信)

しゅくはくしゃ(宿泊者)

しゅくはくりょうきん(宿泊料金)

じょうじょうきぎょう(上場企業)

じんけんひ(人件費)

しんこうしょうけん(新光証券)

スマートホテルプロジェクト

すませる(済ませる)

スマホ

せいさんせい(生産性)

せっきゃく(接客)

たいおう(対応)

だいひょう(代表)

タッチパネル

チェックイン

ちか(地価)

ちょうしょく(朝食)

ていきんり(低金利)

てつづき(手続き)

でんわばんごう(電話番号)

とうよこいん(東横イン)

としがた(都市型)

とどうふけん(都道府県)

とほ(徒歩)

ながさきけん(長崎県)

なまえ(名前)

にしかさいえき(西葛西駅)

はいけい(背景)

ハウステンボス

はんかがい(繁華街)

はんぶん(半分)

ひがわり(日替わり)

ビジネスマン

ビュッフェ

フルネーム

へんなホテル(変なホテル)

ポスト

ほんじつ(本日)

みずほしょうけん(みずほ証券)

メニュー

ようこそ

よやく(予約)

リーマンショック

りえきりつ(利益率)

ロボット

ロボットホテル

Unit 13

あかみ(赤身)

あぶらがのっている(脂が乗っている)

アプリ

いきしま(壱岐島)

いってい(一定)

うまい

ウミミル

えさ(餌)

えさだい(餌代)

NTTドコモ

えんぶんのうど(塩分濃度)

おおてしょうしゃ(大手商社)

참고문헌 / 출처

1부

- できる日本語教材開発プロジェクト(2011)『できる日本語 初級』アルク
- 문선희 나카야마 다츠나리(2006)『다이스키日本語2』동양문고
- 김사경(2001)『일본어문법책』시사일본어사
- 박재환, 이현숙(2018)『탄탄한 일본어문법책』동양북스
- 채성식, 조영남, 아이자와유카 등(2012)『뉴코스 일본어 스텝2』다락원
- 박선옥(2013)『ようこそ 日本語文法』재팬리서치21
- 日本語教師の広場 (www.tomojuku.com)
- 国際交流基金 日本語教育通信 (www.jpf.go.jp/)
- 日本文化研究会 (www014.upp.so-net.ne.jp/nbunka/learn.htm)
- 東京外国語大学言語モジュール (www.coelang.tufs.ac.jp/mt)

2부

① 「고디바」일본 공식 사이트 (www.godiva.co.jp)
② 「ca ca o」공식 사이트 (www.ca-ca-o.com/)
③ 「아사히주조 주식회사」(www.asahishuzo.ne.jp/)
④ 「人間とロボットアームがエアホッケーゲームで対戦するデモ」
　 (www.youtube.com/watch?v=bKt8_gBLCCQ)
⑤ 「일본 발뮤다 주식회사」(www.balmuda.com/jp)
⑥ 「一膳くん」(www.youtube.com/watch?v=TTqdVc_E47E)
⑦ 「클래스재팬 프로젝트」(cjed.org/lp/)
⑧ 「헨나호텔」(www.h-n-h.jp/)
⑨ 「하우스텐보스」(www.huistenbosch.co.jp)
⑩ 「토요코인 호텔」(www.toyoko-inn.com/korea/)
⑪ 「소우지쓰 쓰나팜 다카시마」(www.sojitz.com/jp/special/project/post-12.php)
⑫ 「우미미루(ウミミル) 어플 화면」(www.nttdocomo.co.jp/biz/service/ict_bui/)

처음부터 다시 배우는
두근두근 일본어 ②

초판인쇄	2019년 2월 25일
초판발행	2019년 3월 5일

저자	박효경, 황영희
책임 편집	조은형, 서대종, 신명숙, 무라야마 토시오
펴낸이	엄태상
디자인	이건화
조판	박자연
콘텐츠 제작	김선웅, 최재웅
마케팅	이승욱, 오원택, 전한나, 왕성석
온라인 마케팅	김마선, 김제이, 유근혜
경영기획	마정인, 조성근, 박현숙, 김예원, 전태준, 오희연
물류	유종선, 정종진, 고영두, 최진희, 윤덕현

펴낸곳	시사일본어사(시사북스)
주소	서울시 종로구 자하문로 300 시사빌딩
주문 및 교재 문의	1588-1582
팩스	(02)3671-0500
홈페이지	www.sisabooks.com
이메일	book_japanese@sisadream.com
등록일자	1977년 12월 24일
등록번호	제300 - 1977 - 31호

ISBN 978-89-402-9251-8 14730
　　　 978-89-402-9250-1 (세트)